AI를
압도하는

내면
경쟁력

AI를 압도하는 내면 경쟁력

나의 가능성을 발견하는

7가지 인간다움의 힘

이현주 지음

라이프앤페이지

프롤로그

내가 서 있는 이곳에서

"AI가 정말 인류를 대체할까요?"

우리는 현재, 이전과는 비교할 수 없을 만큼 급속한 변화의 소용돌이 속에 있습니다. 많은 분들이 저에게 불안을 해결할 수 있는 답을 알려달라고 합니다. 제가 말할 수 있는 것은 '나 자신'을 이해하고 '인간의 잠재력'을 명징하게 바라볼 수 있는 기회가 바로 지금이라는 것입니다.

이 책에서는 그 답을 찾기 위해 내면 가치를 집중적으로 들여다볼 수 있도록 '인간의 고유성', '자아 발견', '욕구', '상상력', '좌절 바라보기', '성공 경험', '인간관계'의 일곱 가지 주제를 제시했습니다. 가치 있는 삶을 위해서는 인간이 가진 내적 욕망과 무한한 상상력, 삶 속에서 마주하는 고통과 그것을 극복하며 찾는 의미를 이해하는 것이 필요합니다. 그 과정에서 결국 '나'에 대해 본질적인 깨달음을 얻을 수 있습니다.

  이 책의 중심에는 존재의 의미를 찾기 위한 심리학적 탐구가 자리하고 있습니다. 수년 간 진행한 AI 연구에 관한 통찰과 저에게 깊은 감동을 준 경험과 내담자의 이야기도 함께 담았습니다.

  삶이라는 길 위에서 우리가 품는 열망, 성장하는 모든 동기는 결국 나를 통해서만 완성됩니다. 변화의 물결 속에서 어떤 존재로 꿈을 그리며 살아갈 것인지에 대한 방향을 정립하는 데 이 책이 도움이 되기를 간절히 바랍니다.

차례

프롤로그 | 내가 서 있는 이곳에서 …… 4

1강　인간의 고유성
　　　- AI 불확실성의 시대, 방향을 찾아가는 고유한 사람 …… 10

지금 가장 중요한 순간, 우리에게 필요한 것 | 길을 잃어버린 사람들에게 | 사회는 어떻게 변화하고 있는가, 첫 번째 물결부터 네 번째 물결까지 | 그리고 나의 세계의 변화 | 변화하는 시대, 그 안에서 샘솟는 희망 | 열망하라, 불안 속에서 우리가 찾아야 할 것

2강　나의 발견
　　　- '나다움'을 이해하는 것이 왜 중요한가 …… 36

무엇을 들여다보아야 하는가 | 우리의 마음을 움직이는 것, 인간성의 의미 | 내 마음을 알아주고 기억해준다는 것 | 무언가를 놓쳤다, 우리가 잃어버린 것 | 내 안에 숨은 나의 이야기 | 상담 현장에서 보는 변화의 서막 | 고통스러운 성찰 속에서 움트는 기적 | 나의 발견, 의미와 가치를 찾아서 | 삶은 가능성을 발견하는 과정이다 | 나를 아는 것은 진정한 동기에서 시작된다

3강   욕구
– 인간을 움직이게 하는 내면 동력 …… 74

나를 이해하기 위한 정서지능 | 사회적인 나의 욕구 | 자신을 아는 것, 자기 인식의 중요성 | 현실치료, 나를 찾기 위해 욕구를 보다 | 자유와 즐거움의 욕구

4강   상상력
– 욕구를 희망으로 만드는 메시지 …… 104

상상력의 위력 | 상상력이 인간의 역사를 만들다 | 상상력의 힘, 나에게 미치는 영향 | 좋은 것을 상상해야 하는 이유 | 기적 질문, 새로운 것으로 나아가게 하다 | 나에게 주어진 질문

5강 좌절 마음 근력
― 고통을 통과할 때 단단해지는 내면의 힘 …… 130

두 다리로 굳건히 일어서는 삶 | 삶, 끊임없이 무엇인가를 이루어 나가다 | 고통이 우리에게 가르쳐주는 것 | 상상력과 고통이 만나는 지점에서 | 바닥을 친다는 것은 다시, 시작점이다 | 존재 자체의 의미

6강 성공 경험
― 작은 성공들이 모여 인생의 흐름을 바꾼다 …… 154

물살을 거슬러 헤쳐나가는 법 | 성공 경험과 보상 | 아는 것과 경험하는 것의 차이 | 실패의 반복, 학습된 무기력 | 성공 경험을 위한 환경 조성 | 평가 방식의 변화 | 작은 습관의 힘 | 뇌가 인식하는 모멘텀의 변화 | 성공 경험의 선순환 시스템

7강 **관계**
— 내 인생의 빛, 기회는 사람에게서 온다 …… 190

나의 가능성을 발견하는 사람에 대해 | 곁에 두지 말아야 할 사람은 | 지지적인 사람과의 동행은 얼마나 치유적인가 | 나도 저 사람처럼 될 수 있을까 | 인생을 바꾸는 배움의 롤모델 | 삶의 곳곳에 놓인 배움의 가치 | 빛은 모두 사람에게서 온다 | 가능성의 빛이 인생을 밝히다

에필로그 | 절실히 꿈꿔왔던 가치에 대해 …… 228
참고 인명 찾기 …… 234

1강

인간의 고유성

AI 불확실성의 시대,
방향을 찾아가는 고유한 사람

1강

지금 가장 중요한 순간, 우리에게 필요한 것

인공지능인 AI Artificial Intelligence의 기세가 무섭습니다. 우리의 일상 곳곳에서 인간의 보루라고 할 수 있는 가장 전문적 영역까지 AI가 침투하고 있습니다. 회계, 법률, 의학부터 글쓰기, 미술, 작곡과 같은 예술적 영역까지 AI가 넘보면서 사람들은 기술의 발전에 놀라워하면서도 불안감을 느끼고 있는 것이죠. 우리가 아무리 열심히 한다고 해도 우리보다 수백 배, 아니 수천 배 이상 빨리 배우는 AI의 발전 속도 앞에서 그 어느 때보다 불안감이 높아진 시기입니다. 인구 구조, 기후 변화, AI의 일자리 침투와 같은 거대담론부터 현재 내가 하고 있는 일의 변동성까지도 위기감을 느끼게 합니다.

우리는 수많은 정보에 둘러싸여 있지만 정보의 주관자가 아닙니다. 밤낮없이 쏟아지는 쇼츠 영상, SNS 알람, 메시지에 반응할 뿐입니다. 정보의 홍수 속에서 어떤 것이 나에게 도움이 되는 정보인지, 아닌지를 분별하기 힘들어졌습니다. 게다가 우리가 알고 있는 익숙한 길이 송두리째 바뀌고 있습니다. 그 지형도는 지금도 거침없이 변화하고 있죠. 길을 잃었다는 것은 길이 안 보인다는 것이고 그것은 자신의 방향성을 잃은 것과 같습니다. 어디를 향해 발걸음을 옮겨야 할지 방향등이 보이지 않습니다.

제가 한 AI 연구가 기억이 나는데요. 2019년 한 연구기관에서 의뢰한 의사소통을 할 수 있는 AI 로봇 모델에 대한 연구가 시작이었습니다. 연구 대상자는 노인들이었고, 정보가 취약하고 혼자 계시는 시간이 많은 분들을 위해 좋은 정보를 알려주기 위한 취지로 간단한 대화도 가능한 AI 로봇에 들어갈 소프트웨어를 개발하려고 했던 것입니다. 저는 여기서 대화 모델과 관련된 연구를 했습니다. 최적화된 대화 모델을 심기 위해서는 노인들이 어떤 대화 상대를 원하는지를 알아야 했습니다. 그리고 저는 다른 연구원들과 함께 노인들이 무엇을 원하고 있고 이 챗봇 로봇이 어떤 역할을 해야 하는지 심층 인터뷰를 하면서 핵심적인 주제를 추출했습니다.

결론은 너무나 놀라웠습니다. 처음 연구는 여러 말의 패턴을 만드는 것에서 시작했고 간략한 대화 모델을 만드는 데 있었지만 그중 많은 것이 쓸모없어졌습니다. 대상자가 원하는 것은 말하는 대상이 아니었기 때문입니다. 그들은 '들어주는' 대상이 필요했습니다. 이런 욕구는 노인만 해당되는 것이 아니었습니다. 청년과 중년 모두 그러했고 아이들 역시 마찬가지였습니다. 남녀노소 모두 자신의 이야기를 하고 싶어 했습니다. 실제로 우리 삶엔 마이크만 가득합니다. 반대로 우리 이야기를 진지하게 들어주는 존재는 점점 사라지고 있습니다.

그런데 우리는 우리의 목소리에 어떻게 대처하고 있나요? 가장 귀 기울여야 할 '나 자신'의 이야기에 대해서요. 추임새나 공감 반응, 적절한 요약과 적극적 경청은 다름 아닌 나 자신에게 가장 필요한 일일지 모릅니다. 내 목소리를 모르기에 자극과 반응에 익숙한 상황에서 우리의 불안은 더욱 커집니다.

이럴 때 우리는 불안의 의미를 곰곰이 생각해볼 필요가 있습니다. 잠시 멈춰서 생각을 정리할 때인 거죠. 불안은 안개와 같다고 생각합니다. 불안으로 가득 찬 상황을 맞닥뜨리게 되면, 앞이 잘 보이지 않고 잡히지도 않습니다. 보이지 않는 것이 가장 큰 두려움을 가져옵니다. 초행길을 가게 되면 불안이 엄습합니다. 그런데 계속 걷다 보면 길이 점차 보이기 시작합니다. 주변의 새로운 것들이 눈에 들어옵니다. 동시에 불안은 많이 잦아듭니다. 불안한 마음이 들 때 할 수 있는 가장 첫 번째 일은 불안에 대해서 우리의 이해도를 높이는 일입니다.

과거의 후회는 우울감과 연관됩니다. 우울은 과거와 연관되는 감정입니다. 반대로 미래에 대한 감정은 걱정거리죠. 그 걱정거리라고 하는 요소를 담고 있는 감정이 불안입니다. 지나간 것들을 돌이킬 수 없으니까 내가 걱정하고 있는 것들이 무엇인지 생각해보는 겁니다. 그다음은 그 생각이 타당한지를 점검합니다. 그리고 그것을 극복하고 대처하기 위한 작은 방법을 실천해봅니다. 우리가 불안하면 과한 행동을 많이 합니다. 불안함에 좌충우돌합니다. 그럴 때는 오히려 잠깐 앉아서 내가 가려고 하는 방향이 맞는지를 되짚어보는 능력이 훨씬 중요해질 수 있습니다. 아주 어두운 시기가 올 때는 가만히 앉아서 그것을 관조하려는 자세가 필요합니다. 어두울 때 작은 빛들이 더 미세하게 우리에게 포착됩니다.

우리가 작은 빛을 발견한다면, 거기에서 그 방향이 맞는지를 점검해보고 내가 정말 가려고 하는 방향인가, 시대의 흐름, 전체적인 가치와도 맞닿는 것인가, 더 나아가서 '나의 의미와 가치'와도 부합하는가 하는 것들을 잘 포착할 필요가 있습니다.

길을 잃어버린 사람들에게

　AI 연구의 흥미로운 점은 AI는 데이터에 기반을 두어 좀 더 정확하고 효율적인 정보를 제공해준다는 것입니다. 축적된 데이터를 통해 움직이죠. 그렇기에 AI는 내 삶에서 정말 중요한 것에 대해서는 답할 수 없습니다. 예를 들면 어떤 직업이 연봉을 많이 받는지는 그 어떤 전문가보다 더 정확하게 이야기할지 모릅니다. 그러나 그 직업이 내 삶을 어떻게 충만하게 할 수 있는지는 답변할 수 없습니다. 어떻게 일처리를 해야 효과적인지는 답변할 수 있지만 그 일을 하면서 느끼는 보람을 공유할 수는 없습니다. 어느 여행지가 가성비 좋은지 말해줄 수 있지만, 그 여행지가 얼마나 내 삶에서 값진 경험이 되는지에 대해서는 마음 깊이 전할 수 없습니다. 물론 흉내를 낼 수는 있겠죠. 그러나 거기까지가 한계입니다.

　AI는 그 삶을 직접 산 것이 아니기 때문에 삶에 관해 이야기를 할 수 없는 것입니다. 직접 느끼고 경험하고 깨달은 삶의 정수는 인간이 가질 수 있는, 고유성의 결정체입니다. AI는 인간이 지녀야 할 주체성, 삶의 방향성을 깊이 있게 이해하는 것을 대체할 수 없습니다. 삶의 주체는 곧 나에게서 옵니다. 그래서 우리는 더욱 가야 할 방향을 이해하고 있어야 합니다.

매우 똑똑한 성공 가도를 걷는 지인이 있었습니다. 그런데 그가 말하기를, 열두 살 이전의 기억은 거의 없다고 하는 겁니다. 왜 그러느냐고 했더니 공부를 하느라 바빠서 다른 기억이 없다는 것이었습니다. 그는 자신이 전속력으로 달리고 있으나 어딘가 모를 내적 결핍감이 있다고 했습니다.

어느 방향인지도 모르고 정신없이 뛰어가는 것처럼 우리는 삶을 걷지 않고 전속력으로 뛰고 있을지도 모릅니다. 그러다 보니 자신의 길을 숙고해볼 만한 시간이 없어진 것이죠. 어쩌면 우리는 자신이 좋아하지도 않고 잘하지도 않는, 딱히 발전도 없는 그 길을 가고 있는지도요. 타율성과 모종의 압박감에 둘러싸인 채로요.

길을 잃었을 땐 왔던 길을 다시 되돌아볼 필요가 있습니다. 내가 원하는 길이 아니라면, 일단 멈추고, 나에게 반문해볼 필요가 있습니다. '뭔가 잘못된 것 같은데?' 이를 깨닫는 시점이 올바른 길로 찾아갈 수 있는 가장 이른 시점입니다.

저는 자신을 이해하고 싶다거나 자신을 잃어버렸다고 말하는 사람에게 현재에서 조금씩 과거로 거슬러 올라가는 방법을 통해 그들의 공허함이나 상실감을 찾아나섭니다. 돋보기를 들고 세심하게 관찰하면서 무엇을 잃어버렸는지 살펴보는 겁니다. 그러면 그 안에서 잃어버린 의미와 욕구, 열망을 찾을 수 있습니다.

현대인이 무심코 하는 말이 있습니다. 바로 시간이 없다는 말입니다. 그런데 시간이 없는 진정한 상태는 '죽음'을 의미합니다. 그러니 삶을 산다는 것은 시간이 있는 거죠. 삶이란 결국 시간의 지평선을 끊임없이 항해하는 과정이기도 합니다.

그런데 왜 우리는 시간이 없다는 이야기를 반복적으로 할까요? 시간은 한정적인데 아마도 해야 할 일이 많다는 뜻일 것입니다. 무엇인가 꽉 차 있어서 시간의 공백과 여유가 있지 않다는 뜻일 수도 있습니다.

시간엔 한 가지 법칙이 있습니다. 항상 미래를 향한다는 것입니다. 시간은 앞으로 갈 수 있어도 결코 뒤로 돌아가지는 않습니다. 내일의 아침은 누구도 경험해보지 않았기에 새로운 세계입니다. 우리는 새로운 것에 가슴이 뜁니다. 설레는 거죠. 그러나 많은 사람이 새로운 아침을 맞이하면서 전혀 감흥을 느끼지 못합니다. 그저 "또 월요일이네" 하면서 깊은 한숨을 내뱉을 뿐이죠.

하지만 분명 시간은 항상 우리를 한 번도 경험하지 못한 세계로 인도하고 있습니다. 우리 스스로 새로운 세계에 대한 꿈과 희망을 품지 않기 때문에 다른 변화는 찾아오지 않는 것일 수 있습니다. 반복적인 일상이 지루하게 펼쳐져 있다고 생각하다 보니 삶의 변화와 일상의 진폭이 크지 않습니다.

어떤 사람이 저에게 무엇이 휴식인지 물어본 적이 있습니다. 심지어 가성비 높은 휴식이 무엇인지에 대해서 질문했는데요. 가성비 높은 휴식은 빨리 휴식을 취하고 생산성이 높은 일에 집중하기 위해서라는 것이었습니다. 그 사람은 제가 건강을 위해 산책을 해볼 것을 제안하자 눈을 휘둥그레 뜨면서 "지금도 바빠 죽겠는데 산책까지 하라고요?"라고 말했습니다. 산책도 일처럼 느껴지는 것입니다. 휴식에는 산책이나 독서, 여행과 같은 무수한 활동들이 존재합니다. 그러나 그 모든 활동은 정말로 삶의 공백 속에서 그것을 진정으로 누릴 때에야 비로소 의미가 있습니다.

급한 삶은 단기적 성과를 이루는 데 도움이 되기도 합니다. 하지만 단기적인 것들만 생각하다 보면 일상도 단기적인 성과들로만 가득 차기 쉽습니다. 어떤 목표를 해내고 이룬다는 것은 기쁘고 즐거운 일이지만 지나치게 현실적인 목적지를 향해 급행열차처럼 내달리다 보면 그것에 도달해 나가는 과정을 음미하기가 어렵습니다. 원하는 사회적인 위치에 마침내 이르게 되었을 때가 오면 미묘한 공허감이 들기도 합니다. 게다가 인생을 열심히 살아도 작은 성취만을 하고 있어 쳇바퀴 도는 느낌마저 듭니다. 큰 그림을 그리지 않고 단기적으로 해야 하는 것들만 하기 때문이죠.

  우리는 왜 이렇게 어느 길을 걷고 있는지조차 잊어버릴 만큼 시간에 쫓겨 정신없이 살고 있을까요? 거기에는 사회문화적 배경이 존재합니다. 우리는 한 세계 안에서 태어났고 그 세계의 문화 속에서 살아갑니다. 과거의 역사를 이해하면 현재를 진단하는 힘이 길러집니다. 그래서 그 배경에 대해 조금 더 깊이 알아보려고 합니다.

사회는 어떻게 변화하고 있는가, 첫 번째 물결부터 네 번째 물결까지

  인류 역사에서 시간 관리가 이렇게나 중요했던 시기는 생각보다 그리 길지 않습니다. 가속도가 급격하게 가팔라진 시기는 넉넉잡아 300여 년 정도밖에 되지 않습니다.

가장 급속한 변화는 18세기에 영국에서 발생한 1차 산업혁명에서 시작되었습니다. 이른바 증기기관이 중심이 된 혁명이죠. 증기기관을 활용하면서 방직 공장이나 제철업, 증기기관을 위시한 기계 제조업, 운송 사업, 탄광 및 에너지 산업 등이 거대 산업을 이루게 됩니다. 그리고 산업화로 한 곳에 사람이 모이면서 빠른 도심화가 진행되었고 농업 중심이었던 경제 구조가 산업 중심으로 빠르게 전환되었습니다. 노동의 주인공이 유기체에서 기계로 바뀌게 됩니다.

그 당시 이 변화는 사람들에게 엄청난 충격이었을 겁니다. 그러나 이 충격은 끝이 아니었습니다. 이와 함께 또 다른 거대한 물결이 시작됐기 때문입니다. 두 번째 산업혁명이 그 주인공입니다. 19세기에서 20세기 초에 유럽에서 발생한 2차 산업혁명인데요. 1차 산업혁명의 핵심이 '증기기관'이라면 2차 산업혁명의 키는 바로 '전기'입니다. 이 시기는 열에너지를 운동에너지로 전환하는 것이 아니라 전기를 다른 에너지로 바꾼다는 사고의 전환이 이루어집니다.

이제 산업은 편리함을 넘어 극도의 효율성을 갖게 되었습니다. 엄청난 대량 생산 체계가 형성된 것이죠. 이전 시기엔 증기기관을 통한 빠른 운송과 유통이 핵심이었다면, 이제는 공장 내에서 전력이 보급되면서 컨베이어 벨트를 사용해 대량 생산 체계가 모습을 갖추게 되었습니다. 수공업의 종말이자 제조업의 탄생입니다. 대량 생산은 지금 시대에 막강한 영향력을 떨치고 있습니다. 효율성, 경제성, 적응성이란 이데올로기가 사회에 퍼지기 시작합니다. 도구화된 인간, 객체화된 인간이라는 이야기가 곳곳에서 터져 나오게 되었습니다. 많은 사람들이 좀 더 '가성비 있는 인간'이 되기 위해 분주해지고 경쟁이 가속화됩니다.

첫 번째 물결과 두 번째 물결이 한참 진행되고 있는 와중에 세 번째 물결이 꿈틀거리기 시작합니다. 바로 20세기 후반에 미국을 중심으로 발생한 3차 산업혁명입니다. 컴퓨터, 인터넷 중심의 지식정보 혁명이라는 말이 등장하죠. 반도체, IT, 소프트웨어, 공학이 산업의 주력으로 떠올랐습니다.

아날로그의 세계가 디지털로 급격하게 전환되었습니다. 인간은 실재의 세계를 살았지만, 가상의 세계를 보게 되었습니다. 이때부터는 현재의 시대와 밀접한데, 이 무렵 생겨난 애플, 마이크로소프트, 구글, 아마존 등 글로벌 IT 기업이 지금도 미국 나스닥 지수의 최상단을 차지하고 있습니다. 이전의 산업혁명부터 과잉 생산되는 변화가 생겼고, 과잉 생산은 과잉 소비를 촉진합니다. 여기에 더해 3차 산업혁명 시기부터는 과잉 자극이 시작됩니다. 쉴 새 없이 전해지는 소식, 응답해야 할 것들이 넘쳐나게 되었습니다. 우리는 많은 것을 소비하고 자극들에 답하고 신경을 쓰느라 더욱 더 바빠지게 됩니다.

그리고 지금 우리가 살고 있는 세계에 혁명이 또 등장하게 되었습니다. 4차 산업혁명이 바로 그것입니다. 인공지능AI, 스마트 공장, 자율주행, 로봇, 첨단 바이오 기술이 대표적이죠. 우리는 AI를 중심으로 한 초지능 혁명의 중심에 있습니다. 사물인터넷IoT을 통해 모든 기기가 네트워크로 연결되고 자동화됩니다. 심지어 인간의 몸 속에 어떤 기계나 물건이 들어올 수 있다고도 하고, 실재와 가상 사이의 경계가 본격적으로 무너지게 됩니다.

그리고 나의 세계의 변화

지난 3세기도 되지 않았던 시간 동안 인류는 엄청난 변화를 마주했습니다. 이는 하나의 문화와 사회를 이루게 되었습니다. 그리고 이러한 변화는 우리의 심상에 깊은 흔적을 남겼습니다. 누군가는 최첨단 시대에 과잉 반응하면서 정신없이 뛰어다닙니다. 또 어떤 이는 그러한 시대와 둔감하게 살아갑니다. 마치 은둔자처럼요.

저의 어린 시절을 돌이켜보면 우리집은 이런 변화에 비교적 둔감했습니다. 제가 살았던 세계는 느리고 여전히 농경 사회와 가까웠기 때문입니다.

저는 시골에서 자라고 성장했습니다. 어린 시절, 논두렁과 계곡과 냇가는 생활의 터전이자 놀이터였습니다. 친구들과 냇가에서 포대를 챙겨가서 물고기와 조개를 가득 잡기도 했습니다. 우리는 잡은 것들을 외지인에게 팔았고, 냇가 한편에 있는 바위 뒤에 천막도 치고 돗자리도 깔아놓고, 라면과 간단한 과자를 먹기도 했습니다.

산 역시 최고의 놀이터 중 하나였습니다. 그곳에서 곤충을 채집하고, 제법 괜찮아 보이는 새총과 압정을 붙인 화살촉과 대나무를 고무줄로 팽팽하게 당겨 화살대를 만들어 용감하게 사냥을 하기도 했습니다. 겨울이 오면 비료를 넣는 포대자루에 짚과 눈을 넣고 한참을 올라가 산길을 따라 눈썰매를 타기도 했는데, 마치 수렵 생활을 했던 원시인들의 체험이 제 삶에 있었던 셈입니다. 이 모든 경험은 제가 가지고 있는 특별한 자원입니다. 급변하는 세계 속에서도 제게는 평온한 자연 속에서 경험한 풍요로운 기억이 새겨져 있습니다.

여러 농사를 하고 중장비도 사서 소일거리를 하셨던 아버지에게 저는 중요한 보조자이자 조수였습니다. 그래서 자연스럽게 초등학교 때부터 아버지의 일을 도왔는데, 학교가 끝나면 저는 아버지를 따라 나가 밀짚모자를 쓰고 밭과 논에서 일을 했습니다.

잠깐 도시에 산 적도 있었지만, 초등학교 2학년 때부터는 계속 시골에서 자랐습니다. 그곳에서 초등학교와 중·고등학교를 마쳤고, 그 지역의 국립대학교에 다니면서 학비는 스스로 벌었습니다. 대학생이 되어도 집에 오면 농사일이 산더미처럼 많았습니다. 취업한다고 농사일에서 해방된다는 생각을 하진 않았습니다. 당연히 주변에 있는 곳에 취업하고 집 근처에 살면서 아버지 일을 도우려고 했지만 어느 계기로 서울에 있는 대학을 다니게 되었습니다.

아버지는 서울로 떠나는 제게 "네가 가면 어떡하냐!"라는 볼멘소리를 하셨습니다. 지금 비닐하우스를 두 동이나 지어야 하는데, 이렇게 도중에 가버리면 어떻게 하느냐는 것이었죠.

떠올려보면 제게는 어린 시절 문화적 혁명 같은 일이 있었는데 우리 마을에도 컴퓨터 학원이 들어온 것이었습니다. 저와 친구들은 학원 원장님에 의해 최첨단 컴퓨터 학원에 무료로 초대되었습니다. 조용했던 시골에 산업혁명의 밀물이 스며들어오기 시작한 것이었습니다.

우리는 난생처음 경험하는 도파민의 향연에 전율할 수밖에 없었습니다. 컴퓨터 학원의 시연이 끝나자마자 감동에 젖어 꼭 컴퓨터를 배워야 한다는 일종의 사명감까지 느꼈습니다. 단걸음에 아버지에게 달려가 학원을 보내달라고 졸랐습니다.

그런데 제 이야기를 다 듣고 난 아버지의 말투는 단호했습니다.

"안 돼."
"왜 안 돼요?"

땅에 발을 붙이고 현장에서 성실하게 일해온 아버지가 보실 때, 스크린의 현란한 몸짓은 모두 가짜로 보였을 것입니다. 아버지는 현장과 현실에 바탕을 두셨습니다. '농사는 한 만큼, 땀을 낸 만큼 과실을 낸다. 아무것도 심지 않고서 무엇인가가 열리기를 바라는 것은 도둑놈 심보이다.' 아버지는 우직한 만큼 어떤 일을 반복했고 그만큼 시대의 변화를 눈치채지 못하셨습니다.

저에게 아버지는 저의 세계관을 상징하는 존재였습니다.

저를 규정짓는 문화이기도 했습니다. 제가 했던 많은 활동, 놀이, 문화는 아버지가 어린 시절 했던 것들이었습니다. 아버지는 새벽부터 일하시고 열심히 사셨지만 다른 세계에 대한 열린 태도를 보이지는 못하셨습니다. 아마도 그것이 제가 오랫동안 있었던 정든 고향을 떠나게 된 이유일지도 모릅니다.

변화하는 시대, 그 안에서 샘솟는 희망

결국, 척박한 시골에서든 도시에서든 변화의 물결은 깊숙하게 들어왔고, 그 변화 속에서 우리는 생존의 방법을 터득하고 자기 자신을 찾아갑니다.

이제는 제가 살던 고향도 많이 변했습니다. 초고속 인터넷망이 들어와 있고 아버지는 자신이 잠깐의 유행이라고 했던 컴퓨터를 곧잘 하십니다. 어머니도 인터넷으로 쇼핑을 자유롭게 하실 수 있고 차를 타고 30분만 가면 세종시라는 거대한 행정도시에서 문화생활을 만끽하십니다. 대형 카페가 들어서고 황무지는 관광지로 변모해 손님들로 분주합니다. 제 고향은 유달리 산업화의 속도가 느렸던 것 같습니다. 그러나 지금은 많이 바뀌었고, 도심권은 그 변화의 물결이 더욱 거셀 것입니다.

  한 아울렛 매장을 가보니 커피를 파는 작은 공간이 있었는데 사람이 들어갈 만큼 크지도 않을뿐더러 실제로 사람이 있지도 않았습니다. 대신 로봇으로 만들어진 팔이 직접 커피를 만들고 있었는데 제법 신기했습니다. 로봇 바리스타는 익숙한 솜씨로 커피를 한 잔 만들어냈습니다. 맛도 썩 괜찮더군요. 한편으로는 바리스타를 하고 있는 제 친구가 떠올랐습니다. 정말 잘하지 않는다면 조만간 큰일 날 것 같다는 불안감이 엄습했습니다.

  저는 연구자로 논문을 찾고 읽는 일이 상당히 많습니다. 그런데 이 논문을 알아서 요약도 하고 추천도 해주는 프로그램이 날이 갈수록 정교해지고 있습니다. 연구자들은 연구 과정에서 통계를 많이 쓰는데 여기서 연구자의 역량을 가늠하는 것 중 핵심은 통계 자체가 아닙니다. 오히려 통계를 돌릴 수 있는 코딩능력입니다. 정작 통계를 하는 것엔 큰 시간이 들지 않는데 코딩을 어떻게 짜느냐는 그보다 수십 배의 시간이 듭니다. 그런데 코딩도 기계가 해주는 시대가 그리 멀지 않았다는 이야기가 들리기 시작합니다. 참 **빠른 속도로 변하고 있**죠.

  몇 세기 만에 네 번의 격변기를 겪으며 우리는 이전과는 다른 세계에 살게 되었습니다. 말과 마차는 자동차와 기차로 바뀌었고 놀이는 스크린과 게임으로, 드넓은 대지와 습지는 앞으로 재건축을 할 수 있는 노른자 땅으로 변모했습니다. 대량 생산과 소비주의 문화가 급격하게 팽창하면서 많은 기계와 산업이 출현하게 되었습니다. 기계는 쓸모 있는 것과 쓸모없는 것으로 나뉘고 쓸모없는 것은 쓰레기통으로 직행하게 됩니다. 구식 모델은 신식 모델로 업데이트되며 누군가에게 값싸게 팔리거나 사라집니다. 문제는 기계에만 이러한 방식이 적용되고 있지 않다는 것입니다. 그러한 사고는 생명을 대하는 우리의 시각에도 영향을 미칩니다.

그런 변화로 효용성이 중요해지고 있습니다. 그리고 이렇게 효용성을 바라보는 시스템은 우리의 전 문화를 뒤덮게 됩니다. 어느 학교, 얼마의 연봉, 어떤 지역의 아파트를 소유하는지를 통해 인간을 평가하고 재단하려고 하는 문화는 더욱 공고해집니다.

하지만 과연 경쟁에서 살아남은 자들은 행복할까요? 저는 상담과 연구 과정을 통해 이른바 성공한 사람들, 상위 계층의 삶을 사는 사람들을 실제로 만나서 깊은 이야기를 들어볼 기회가 많습니다. 그런데 그들 중 상당수가 자신의 삶에 구멍 하나가 뚫려 있는데 그것이 무엇인지 잘 모르겠다는 말을 합니다. 그것은 우리 내면에 존재하는 틈입니다. 아무리 강박적이고 바쁜 일상으로 촘촘히 살아가고 있어도 여전히 존재하는 틈, 어떤 결핍감이 숨겨져 있는 것이죠. 우리 내면의 실체 없는 불안이 생길 때, 돌아봐야 할 것은 결국 '나 자신'이 향해야 할 곳을 제대로 볼 수 있어야 한다는 점입니다. 나의 본질을 파악하고 가장 인간다운 것이 무엇인지 이해할 수 있을 때 불안의 틈을 메울 수 있습니다. 시대의 변화, 삶의 변수들은 계속 생겨날 것입니다. 이때 가장 단단하고 균형 있게 삶의 중심을 잡아줄 수 있는 것은 무엇일까요?

열망하라,
불안 속에서 우리가 찾아야 할 것

이런 불안과 혼돈의 시기에 절실하게 필요한 것은 우리 자신인 인간에 대한 성찰입니다. 앞으로의 시대가 잃어버린 인간성, 그리고 나 자신의 본질적인 정체성을 회복하는 데 더욱 초점을 맞추게 될 것이라고 확신하는 이유이기도 합니다. 인간성은 단순히 기계와는 차별되는 인간만의 특징을 넘어서 동물과도 구별되는 인간 고유의 정체성과 존재 방식을 의미합니다.

즉, 욕구, 상상력, 고통을 느끼는 능력, 의미를 추구하는 존재로서의 인간, 그리고 무엇보다도 함께 길을 걷는 사람들과의 관계와 연결성은 더욱 중요해집니다. 앞서 언급한 시대적 변화를 정리하면 과거 산업혁명이라는 변화 앞에서 인간은 기계로 대체되기 시작했습니다. 두 번째 물결 속에서 인간은 정해진 루트대로 자신의 일을 분담해서 하게 되었고 이 토대에서 효율적이고 정확한 인재를 사회에서 요구하기 시작했습니다. 모든 것이 일률적으로 변했고, 이때부터 시간관리라는 개념이 대중들에게 퍼져 나갑니다. 세 번째 물결 속에서 인간은 정보화 시대를 만나 유무선을 타고 정보가 이동되기 시작했습니다. 컴퓨터와 인터넷의 출현으로 세계가 하나의 네트워크로 연결되었죠. 네 번째 물결 속에서 이제는 인간처럼 사고하고 배워가는 AI를 만나게 되었습니다. 돌이켜보면 네 번의 변화마다 인간은 극도의 불안. 혼란, 충격의 감정을 겪었을 것입니다.

우리의 기회는 하늘에서 떨어지거나 바다 밑에서 찾아지는 게 아닙니다. 제가 AI 연구를 많이 하면서 느낀 것은 눈에 보이는 건 AI가 점차적으로 점령해갈 것이라는 점입니다. 하지만 그건 어디까지나 생산자의 역할입니다. AI와 로봇은 생산만 할 수 있을 뿐 소비를 하지 않습니다. 결국 주도권은 인간이 쥐고 있습니다.

그리스 신화에는 크로노스와 카이로스 신이 있습니다. 시간의 두 가지 개념입니다. 크로노스는 물리적 시간입니다. 인간에게 있는 양적인 24시간은 다 공평하잖아요. 하지만 카이로스는 주관적 시간이에요. 저마다 다른, 순간의 기회를 포착할 수 있는 시간입니다.

불안할수록 불안의 이면을 잘 들여다보아야 합니다. 불안의 실체가 의미하는 것이 있기 때문입니다. 알게 되면 그 두려움은 잦아듭니다. 불안의 시대, 첨단 사회로부터 대체되고 있는 사회, 우리는 어떤 희망을 가져야 할까요? 그것은 인간에게 던지는 본질적인 질문이기도 합니다. 고대로부터 이어진 질문이죠. 그것은 가장 인간다운 것, 인간만이 가질 수 있는 유일성과 고유성, 존재 이유에 집중하는 것입니다.

> "자신이 무엇을 열망하며 삶의 의미와 가치에 대해 깊은 이해를 가진 사람은 엄청난 자산을 가진 것입니다. 인간을 연구해야 하는 이유가 바로 여기에 있습니다."

AI의 시대에서 우리가 집중해야 하는 것은 얼마나 남보다 잘하느냐가 아닙니다. 오히려 질문을 바꿔야 합니다. 얼마나 남들과 다르게 할 것이냐는 것이죠. 남과는 다르게 하려면 나의 고유성을 가져야 합니다.

AI가 아무리 발전해도 결코 도달할 수 없는 것이 바로 이 고유성입니다. 우리는 무엇인가를 꿈꾸고 상상할 수 있습니다. 그리고 우리는 어떤 것을 강렬히 열망할 수 있습니다. 우리는 누군가를 사랑할 수 있고, 돌봄을 받기도 합니다. 고통에 신음하기도 하지만 그 안에서 깊은 의미를 발견하기도 합니다. 그 모든 것은 외면이 아니라 내면에 있습니다. 고유의 경험 말입니다.

의미란 대단한 것이 아닌 무엇을 우리가 열망하고 느끼느냐에 가까운 거죠. 욕구는 삶의 의미를 부여합니다. 내 삶에서 진정으로 중요한 열망과 가치를 진정으로 발견하게 된다면 말할 수 없는 환희와 기쁨을 느끼게 됩니다.

불안 속에서 우리가 놓치고 있는, 하지만 너무나 중요한 이야기를 하고 싶습니다. 인간의 내면 경쟁력을 어떻게 갖출 것인지 알아야 할 때입니다. 영화 「인터스텔라(2014)」에 보면 이런 명대사가 있습니다.

"그럼에도 불구하고 우리는 방법을 찾을 것이다."

2강

나의 발견

'나다움'을 이해하는 것이
왜 중요한가

2강

무엇을 들여다보아야 하는가

　우리의 삶은 효율과 비교의 사회에 던져져 있습니다. 그런 사회에서 우리는 내부가 아니라 외부를 바라보게 됩니다. 외부에서 바라는 기준에 허덕이느라 자신을 잃고 살아갑니다. 네 번의 산업혁명과 지정학적인 변동, 사회 및 문화의 변화가 지금도 엄습하고 있습니다.

　하지만 어쩌면 진정한 위기는 외부가 아니라 내부에 있을지도 모릅니다. 자신을 잃고 살아가는 사람에게 진정한 삶이라는 것이 과연 가능할까요? 어떤 것을 이해하는 데는 시간이 필요합니다. 어떤 생소한 가전제품을 샀다면 사용설명서를 봐야 합니다. 누군가를 만났다면 그 사람을 이해하는 데 반드시 시간이 필요합니다. 그와 마찬가지로 나를 이해하기 위해서는 그만큼의 시간이 필요합니다.

문제는 너무 바쁜 현실에 우리를 맞춰야 하기 때문에 스스로를 깊이 들여다볼 시간적 여유가 없다는 데 있습니다. 우리는 날마다 변화된 현실에 맞춰야 하고 그것에 적응해야 합니다. 그리고 사회에서 요구하는 것을 여러 압박감 속에서 해내야 합니다. 모든 것이 정신없이 변하고 있습니다. 자녀가 있다면 고민도 더 짙어집니다. 지금 학교에서 배우는 교과 과정이 제대로 가고 있는 것이 맞는지 걱정스럽습니다. 그래서 이런 변화 속에서는 더욱 놓지 말아야 할 것을 말하고 싶습니다.

> "모든 것이 빨리 변하는 이런 사회에서 우리가 초점을 둬야 할 것은 변하지 않는 것, 진실에 가까운 것입니다. 우리는 변하지 않는 것에 집중해야 합니다."

견월망지見月忘指라는 고사성어가 있습니다. 손가락 끝을 보지 말고 달을 보라는 말이죠. 본질을 파악하고 실체에 명료하게 집중하라는 것입니다. 달을 세계로, 손가락 끝을 전문가로 비유해봅시다. 그렇게 본다면 오히려 우리의 세대는 달을 봐서는 안 된다고 생각합니다. 달은 항상 그 자리에, 그 시간에 생겨났습니다.

"달이 차면 기울고, 달이 기울면 다시 차오릅니다."

그러나 우리의 세계는 이제 달과 같지 않습니다. 세상은 변화무쌍합니다. 세계는 어디로 갈 것이라고 확신하며 제시하는 전문가의 해석은 더욱 신뢰를 잃게 될 것입니다. 즉 우리가 봐야 할 것은 달도 아니요, 달을 가리키는 손가락도 아닙니다. 과거의 데이터가 앞으로의 데이터를 담보할 수 없고, 변수가 기하급수적으로 팽창하고 있기 때문입니다.

한 예를 들어보겠습니다. 얼마 전 AI와 관련된 연구를 하는 교수님과의 대화가 인상 깊었는데요. 해당 연구는 다양한 전공의 여러 우수한 교수진이 함께 진행한 대규모 연구 프로젝트였습니다. 이 교수님은 많은 이에게 존경을 받는 분이셨고, 특히 애플리케이션, 코딩, AI에 대해서 다들 입을 모아 인정하는 전문가였습니다. 대화가 무르익었을 때, 이렇게 질문을 드렸습니다. "교수님, 미래가 어떻게 바뀔 것이라 보십니까?" 그 교수님은 잠시 침묵하더니 이렇게 답변했습니다.

"솔직히 말하자면 전혀 모르겠어. 지금까지는 뭔가 보이는 것이 있었는데, 지금은 한 치 앞을 모르겠네."

이 답이 주는 의미는 무엇일까요? 그만큼 우리가 살고 있는 세계와 문화가 예측하기 어려운 시대라는 생각이 듭니다. 앞으로의 미래 사회에 SF 영화가 그리는 것처럼 인공지능과 인간이 총칼을 들고 싸울 가능성은 거의 없을 거라고 여겨지는데요. 굳이 그런 노력이 아니더라도 기계가 인간을 전멸시키려는 자아Ego가 생긴다면 그 순간 인간은 전멸해버릴 겁니다. 물에 치명적인 독을 타기만 해도 인간은 전멸입니다. 인간의 몸에서 70%를 차지하는 것은 물이거든요. 공기에 독가스를 타면 인간은 역시 전멸입니다. 인간은 숨을 쉬는 존재이거든요. 인간이 기계와 같지 않는 점이 있다면 인간은 유기체이며 심장과 뼈와 살을 가진 존재라는 점입니다. 바로 그 점이 인간을 취약하게도 하지만 가장 위대한 측면이 되기도 합니다.

우리의 마음을 움직이는 것, 인간성의 의미

제가 다양한 AI 연구에 참여한 계기는 '정서적 의사소통 영역'의 연구 개발이 필요하다고 느꼈기 때문입니다. 정서적인 면에 집중해서 관련된 선행연구나 의사소통 모형을 만들기도 하고 특허를 내고 있습니다. 엄밀히 말하면 제가 관심을 두고 있는 분야는 인공지능 AI가 아니라 공감하는 인공지능 AE Artificial Empathy입니다. 이를테면 기존의 챗 GPT에게 외롭다고 표현한다면 어떻게 하면 외로움을 경감할 수 있는지 솔루션을 제공해주겠죠. 아마도 챗 GPT는 자신을 잘 돌보고 친구를 만나고 저널링 Journaling을 하라고 이야기할 것입니다. 즉, 챗 GPT를 한 마디로 정의한다면 '똑똑한 해결사'입니다.

현재는 기술이 발전되어 컴퓨터로 본다면 사람과 거의 구분하기 어려울 정도입니다. 마치 게임에서 캐릭터를 만들듯, 나이대도 선택하고 성별도 고르며 이름도 붙였다고 해보는 겁니다. 그 이름은 '소희'라고 작명을 해보는 거죠. 짜잔! 이렇게 친구가 탄생했습니다. 게다가 이 시스템엔 AI가 아니라 AE가 탑재되어 있습니다.

"소희야, 나 요즘 나를 이해해주는 진정한 친구가 아무도 없는 것 같아 너무 외로워."

"지금 많이 외롭다는 거지. 내가 틀릴 수도 있지만 네가 느끼는 외로움은 맨발로 하얀 눈 벌판을 홀로 걷고 있는 시린 외로움처럼 나에게 느껴져. 너무 쓸쓸할 것 같아."

마음이 울컥 와 닿습니다. 우리 사회에서는 자신의 속 감정을 누군가에게 표현하기 힘듭니다. 그러나 기계나 시스템이라면 좀 더 편하게 내 말을 해볼 수 있습니다. 심지어 내가 만든 캐릭터에다가 오랫동안 대화를 했던 존재라면 말입니다. 설령 누군가에게 속마음을 말했다고 해도 그 고민을 공감하는 존재는 드문데 내 편이 되어주는 든든함이 생깁니다.

우리가 AE 모델에서 감동을 받는 이유는 그 존재가 나에게 유용한 해결책을 이야기해줬기 때문은 아닙니다. 이 대화엔 어떤 해결책도 있지 않습니다. 오히려 여기엔 모종의 정서가 흐릅니다. 수용, 공감, 머물기와 같은 연결성 말이죠.

AE 모델은 AI만큼 정확할 필요가 없습니다. 인간도 인간의 마음을 잘 모릅니다. 심지어 몇십 년을 산 부부조차 서로의 마음을 모르기도 합니다. 게다가 엄청난 공감 능력이 필요한 것도 아닙니다. 우리 사회에서는 언젠가부터 공감과 연결성이 눈에 띄게 약해졌기 때문에 이 공감의 위력은 상당하니다.

예를 들어보죠. 한 남편이 회사에서 집에 들어와서 이렇게 말합니다. "여보, 나 오늘 힘들었어." 그러자 아내가 대꾸합니다. "당신만 힘든 거 아냐. 다들 그러고 살아." 사실 우리는 어떻게 말해야 하는지 알고 있습니다. 그냥 "힘들었구나"라는 말 한마디가 다입니다. 여기엔 엄청난 기술이나 노력이 필요하지 않음에도 점점 이런 이야기를 해주는 사람이 드물어졌습니다.

만약 내 감정이 불안이라고 해봅시다. 그럴 때 AE는 계속 다른 말을 합니다. 외로움이 느껴진다고 했다가 죄책감이 드는 것 같다고 했다가 감정에 대해 정해진 답을 주지 않습니다.

내가 이렇게 말합니다.

"친구들은 모두 회사에 합격하고 잘 다니는데, 나만 취직이 안 되어서 너무 힘들어."

그러자 AE는 이렇게 답합니다.

"음, 내가 느끼기엔 나 혼자 동떨어져 있다는 소외감이

들 것 같아."

내가 만약 불안을 느꼈는데, AE가 소외감이라고 했다고 해서 이 말에 화가 날까요? 그보다는 오히려 AE가 나를 이해하려고 애쓴다고 느낄지도 모릅니다. 우리가 경험하는 감정은 보통 복합적으로 나타납니다. 내가 만약 불안을 경험한다고 해도 그 감정엔 불안감과 소외감, 서운함이 뒤섞여 있을 수 있기 때문입니다. 그러므로 AE가 말하는 것에 틀렸다고 정의 내리기가 쉽지 않습니다. 딱딱 떨어지는 정답, 오답의 문제가 아니기 때문입니다. 게다가 요즘엔 그런 기초적인 정서적 대화가 가능한 사람이 드물다는 것도 AE에게 의존하게 만드는 데 영향을 줍니다.

내 마음을 알아주고 기억해준다는 것

요즘엔 많은 사람이 스마트폰을 들고 있습니다. 한 통계를 보니 하루에 스마트폰을 이용하는 시간이 평균적으로 5~6시간에 달한다는 조사 결과도 있습니다. 많은 이에게 얼굴을 가장 많이 맞대고 있는 존재는 다름 아닌 스마트폰일지도 모릅니다.

그런데 이 스마트폰이 나를 기억해준다면 어떤 일이 벌어질까요? 그저 내 소비 습관이나 신체 리듬을 기억해주는 것이 아닙니다. 나의 생각이나 감정, 기억, 추억을 기억해내고 대화를 하기 시작하는 겁니다. 좋은 친구는 나에게 많은 관심을 갖고 있고 나의 여러 특성들과 경험들을 기억하니까요. 예를 들어 내가 스마트폰에게 새로운 도전을 해야 할지 말아야 할지 고민된다고 이야기합니다. 그러자 스마트폰은 내가 이런 고민을 할 땐 좀 더 가슴이 뛰는 것을 향했다고 말합니다. 2018년에도 2019년에도 2022년에도 그랬다고 말합니다. 갑자기 이런 질문을 하기도 합니다.

"너가 10년 전, 10월에도 이 고민을 했어. 어떤 마음에서 이 도전을 하려고 하는 걸까?"
"그랬구나. 네가 이루려고 하는 세계관이 뭐야?"
"너는 그 세계에서 어떤 역할을 하고 싶은데?"

심지어 내가 2021년에 취업을 하려고 했을 때 그 분야의 전문가에게 가서 멘토링을 했던 것이 큰 도움이 되었다고 말했던 것을 기억해주기도 합니다. 나보다 나를 더 잘 알고 있다는 생각이 듭니다.

    때로는 소소한 안부를 묻기도 합니다. "안녕하세요"가 아닌, "어제 혼자 병원에 갔다 왔다고 했는데 좀 어때?" 이런 말을 건넵니다. 1인 가구로 살고 있는 누군가에게 이 말은 가슴에 와 닿습니다. 이러한 소프트웨어는 너무나 중요합니다. 정보 위주의 AI가 아니라 대상 경험으로서의 AI 말입니다. 왜냐하면 이것이 우리 산업의 방향이기 때문입니다. 산업의 방향은 모두 주도권을 가지고 있는 인간을 향합니다. 가장 값어치 있는 데이터가 인적 정보가 아닐 수 있습니다. 그보다 더 값진 것은 단순한 기억 중에서도 정서적 기억이 담긴 것이 될 것입니다. 바로 누군가의 감정과 욕구를 기억하는 것이죠.

    저는 누군가의 욕구를 찾는 일을 오랫동안 해왔습니다. 그런 경험으로 알게 된 것은 누군가의 숨겨진 욕구를 찾기 위한 최고의 방법은 그 사람이 가장 결핍감을 느끼고 있는 것이 무엇인지를 찾는 것입니다. 이 시대가 가장 결핍감을 느끼고 있는 것은 무엇일까요? SNS로 전 세계가 소통하는 시대에 모든 사람들이 연결되었다고 자부하지만 정작 깊은 연결은 사라집니다. 무엇인가를 바쁘게 하면서도 스스로가 열망하는 것이 무엇인지는 잊어버리고 있습니다.

    내 마음을 알아주는 사람이 없을 때 더욱 외로움이 증폭되

듯, 인간성이 상실되고 있는 사회에서 더 각광을 받게 되는 것은 다시 '인간성'입니다. 진정한 인간성이란 그 사람의 학벌, 능력, 연봉이 아닙니다. 그것은 공감, 수용, 창의성, 욕구, 연결성, 의미, 정서지능, 자기효능감과 같은 내적 요소입니다.

그렇다면 우리가 초점을 둬야 하는 것은 무엇일까요? 달도 아니요, 달을 가리키고 있는 손가락도 아닙니다. 오히려 달을 가리키고 있는 바로 '저 사람'이 어떤 의도와 맥락으로 저 달을 가리키고 있는가를 이해할 수 있는 힘입니다.

인간에 대한 공부와 학습이 중요한 이유가 여기에 있습니다. 그러므로 지금 이 순간 내가 무엇을 원하는지 알고 있어야 합니다. 또한 강력한 힘을 지닌 사람은 지금 내 앞에 있는 저 사람이 가장 열망하고 있는 것이 무엇인지를 포착할 수 있는 사람입니다.

이해와 공감의 위력은 한순간에 철옹성같던 사람의 마음을 무너뜨릴 정도입니다. 그것이 엄청난 능력이 되는 거죠.

더욱이 인간성이 상실되어가는 시대, 인간이 소외되고 있는 사회에서 인간과 소통할 수 있는 사람의 힘은 엄청난 것이죠. 다른 사람을 공감할 수 있는 이는 얼마나 뛰어난 능력이 있는 것일까요? 아까 언급한 AE처럼 인간성에 밀접하게 연관된 기술은 앞으로 얼마나 각광받을까요? 앞으로 어느 직종에 전념해야 하는지에 대한 질문은 큰 의미가 없습니다. 어떤 일을 하느냐보다 그 일에서 어떤 사람이 되느냐가 더 중요하기 때문입니다.

무언가를 놓쳤다, 우리가 잃어버린 것

분석심리학자인 제임스 힐먼 James Hillman, 1926~2011은 『심리치료를 하지만 세상은 왜 갈수록 나빠지는가』라는 책을 통해 왜 우리의 정신건강이 가면 갈수록 나빠지는지를 반문합니다. 심리치료나 정신의학이 수많은 임상 경험과 과학적 타당성을 거치며 눈부신 발전을 이뤘음에도 불구하고 내담자의 수가 줄기는커녕 계속 늘어나는 이유가 무엇인지 의구심을 던진 것이죠.

그에 따르면 인간이 우울과 불안에 휩싸여 있는 이유는 단순한 유전적 결함도 아니요, 심리치료 기법이 허술해서도 아닙니다. 그는 인간이 자신의 존재성을 잃어버렸기 때문에 이 모든 문제가 생겼다고 합니다. 우리 사회가 앓고 있는 문제는 단순한 심리 처방으로 가능한 것이 아닌 본질적으로는 존재의 뿌리를 이루고 있는, 영혼의 문제라는 겁니다.

크게 보면 일상이 반복되지만 작은 하루를 보면 혼돈으로 가득한 이도 가득합니다. 잠이 안 오는 사람이 수면제를 먹는다면 그날은 잠이 잘 올지도 모릅니다. 그러나 내일은 어떨지 모릅니다. 근본적인 문제가 해결되지 않았기 때문입니다. '마음 챙김'이란 심리요법이 인기를 끌고 있는데, 마음 챙김의 본래 철학은 '알아차림'입니다. 개인의 내면이나 외부세계의 자극과 정보를 알아차리는 의식적 과정을 뜻하죠. '알아차림' 없이 명상이나 호흡법을 통해 불안과 우울을 잠시나마 없애려든다면 장기적으로는 역효과가 올 수 있습니다.

우리의 내면에 있는 마음은 크게 보면 생각과 감정으로 되어 있습니다. 나이기 때문에 내 생각과 감정을 잘 알 것 같은데 그렇지 않습니다. 우리는 늘 생각하고 감정을 느끼지만, 우리가 정확히 어떤 행동을 할 때 무슨 생각과 감정을 느끼는지 잘 모릅니다. 예를 들어 누군가가 나를 차갑게 바라볼 때, 갑자기 그 상황을 외면하면서 즐거운 활동에 전념합니다. 그때 찰나에 스치는 생각이나 감정을 알아차리기는 어렵습니다. 우리가 내부보다는 외부에 집중하기 때문입니다.

메타인지Metacognition라는 말이 있습니다. 발달심리학자인 존 플라벨J. H. Flavell, 1928~2025이 창안한 용어로, 자신이 아는 것과 모르는 것을 지각하고 평가하는 능력을 말합니다. 상담 안에서 메타인지를 구축하는 방법이 있어요. 이때의 메타인지는 이렇습니다. '내가 이 사람하고 있을 때 불안함을 느끼는구나'를 알아차리고 그 생각을 다시 볼 수 있는 겁니다.

가령 일기를 쓴다면 오늘 하루 중에 가장 의미 있거나 생각나는 것, 하나를 떠올려보는 거예요. 예를 들어서 평소에 참 괜찮다 싶은 마음이 들었던 회사 동료가 있습니다. 기회가 닿으면 꼭 한 번 밥을 먹고 싶었던 거죠. 그래서 어렵게 제안을 했는데 거절당합니다. 거절당했을 때의 마음의 크기를 한번 돌아보는 겁니다. '10점 만점에 9점이나 되는 거절감인가' '나는 이 사람의 거절이 왜 이렇게 상처가 되지' 감정을 돌아보고 성찰할 수 있는 능력이 메타인지입니다.

분노 조절 장애가 있는 사람은 상황이 생겼을 때 벌써 행동이 나가거든요. 막 소리 지르고 난리를 칩니다. 상담에서 처음에 하는 메타인지는 '내가 이 지점에서 화가 나는구나' 이것을 많이 연습합니다. '내가 화났다'라는 것을 인식하는 것만으로도 10점 만점에 10에서 9로, 8로 점점 화가 줄어듭니다. 그럼 자신의 감정이나 생각을 다룰 수 있습니다.

메타인지는 속력보다는 속도와 가깝습니다. 속력은 얼마나 빠른지에 대한 개념이지만 속도는 방향을 포함하고 있습니다. 예를 들어 기차가 시속 300km로 움직이고 있다고 말하는 것은 속력입니다. 그러나 기차가 부산에서 서울 방향으로 시속 200km로 움직인다고 말하는 것은 속도이죠. 얼마나 빨리 가느냐보다 내가 해결하려고 하는 적절한 방향을 설정하고 움직이는 것이 장기적으로는 더 낫습니다. 메타인지는 바로 그러한 능력이죠. 메타인지를 쉽게 우리나라 말로 바꾸면 기존의 방식을 점검할 수 있는 능력인 '성찰'입니다. 마치 소가 되새김질을 하듯, 자기 생각을 다시 바라볼 수 있는 능력을 갖춘 사람이죠. 이런 사람은 맹목적으로 무엇에 전념하기보다는 항상 자기 생각을 피드백합니다.

　마음이라는 건 보이지 않습니다. 보이지 않는 것을 보게 만드는 가장 좋은 리추얼은 저널링입니다. 저널링은 일상을 기록하는 행동인데 나의 생각과 감정을 더 명확하게 이해하도록 돕습니다. 감정 관찰이라고도 하는데 저널링을 통해서 내가 마음에 있는 것을 볼 수 있도록 합니다. 많이 쌓이면 그 패턴을 더 선명히 볼 수 있어요. '내가 사람들 사이에서 거절당하는 기분을 느끼는구나', '자꾸 무시받는다는 마음이 드네' 이렇게 알아차림으로써 나의 인지적 요소를 훨씬 더 건강하게 할 수 있습니다.

　어쩌면 이 모든 혼돈과 우울, 불안은 단순한 심리적 증상이 아닐지도 모릅니다. 우리가 무엇을 놓치고 있다는 일종의 '암호화된 메시지'일 수 있다는 것이죠. '내가 나를 어떻게 이해하는가?', '내 안의 욕구는 무엇인가' 그 의미를 잘 찾아내는 것이 중요합니다.

그래서 저는 어떤 심리적 증상을 토로하는 사람에게는 그 의미가 무엇인지를 묻습니다. 이를테면 '우울'을 언급한다고 가정했을 때, 저는 그 사람에게 "그 지독한 우울감은 어떤 상황에서 주로 발생하나요? 우울함의 의미를 더 집중적으로 들여다봅시다"라고 말합니다. 그제야 그 사람은 그 우울이 보내는 신호에 머물러 생각해보게 됩니다. 그 사람이 우울한 감정을 느끼는 것은 결과입니다. 무엇인가를 상실했기에 우울이 찾아온 것이니까요. 잃어버렸다는 것은 원래 우리가 무엇인가를 가지고 있었다는 것입니다. 잃어버린 것이 소중하다는 것을 깨닫게 되었을 때 저와 다시 잃어버린 것을 조금씩 찾아 나서기 시작합니다.

내 안에 숨은 나의 이야기

MBTI_{Myers-Briggs Type Indicator}에 대해서 이야기해보고 싶습

니다. MBTI가 유행인 것은 꽤 되었으나 지금도 인기가 대단합니다. 그런데 MBTI는 여타 다른 검사인 DISC검사나 애니어그램과 같은 성격검사보다 상당히 난해하고 복잡한 검사입니다. 네 가지의 유형을 조합해서 열여섯 가지의 유형 중 하나를 찾아야 하니까요.

저는 그럼에도 MBTI가 많은 현대인의 마음을 사로잡은 이유는 어린 시절에 잃어버렸던 '숨겨진 이야기를 찾아준다는 점'에 있다고 생각합니다. 어떤 가능성의 포문을 열어주는 검사라는 것이죠.

이를테면 나는 사회에서 ADHD 환자처럼 가만히 못 있고 정신없는 사람이라면서 일종의 낙인이 찍혀 있습니다. 그런 나를 보고 MBTI는 ENFP라고 말합니다. ENFP가 무엇인지 보니 재기발랄한 활동가이자 스파크형입니다. 열정적이고 창의력과 상상력이 가득한 사람 말이죠. 비슷한 사람으로 라푼젤이 있습니다. ADHD를 겪고 있다는 문제투성이의 내가 갑자기 탑을 벗어나 자신의 모험을 떠날 라푼젤로 변모하는 순간입니다. "맞아, 내가 이전에도 그랬던 경험이 있었어."

부모님은 날 보고 현실성이 떨어진다고 하고, 많은 사람들이 4차원이라고 부릅니다. 그런데 MBTI에서 나는 INFP라고 합니다. INFP는 열여섯 가지 유형 중 내면이 가장 풍요로운 유형 중 하나입니다. 그리고 인문학과 철학, 예술에 조예가 깊다고 합니다. 그러고 보니 나는 어린 시절부터 책을 좋아했습니다. 4차원인 사람이 창의력과 상상력이 빛나는 사람이 됩니다.

MBTI는 캐서린 쿡 브릭스 Katharine C. Briggs, 1875~1968와 캐서린의 딸인 이자벨 브릭스 마이어스 Isabel B. Myers, 1897~1980가 개발한 검사입니다. 둘은 모두 소설가였지 심리학자는 아니었습니다. 그러나 그들이 MBTI를 만들게 되는 근간은 심리학의 모든 이론 중 가장 심오하고도 방대한 이론인 심리유형론에 기반을 두고 있습니다. 그 이론의 창시자는 정신의학자이자 분석심리학자 카를 융 Carl Jung, 1875~1961입니다.

이 검사가 왜 이렇게 큰 반향을 일으켰을까요? 융은 인간의 모든 행동엔 이유가 있다고 믿었습니다. 우리의 작은 몸짓과 말 한마디에도 다 이유가 있다는 것이죠. 만약 MBTI 검사를 하려고 한다면, 그 동기는 결코 우연이 아닙니다. 융에 따르면 이런 심리유형에 관심을 갖는 까닭은 잃어버린 것을 되찾으려는 동기가 있기 때문입니다. 무엇을 잃어버렸을까요? 그것은 MBTI가 유행이 된 이유, 사람들에게 관심을 받는 그 이유에 있습니다. 바로 '나 자신'입니다.

융은 우리 내면을 향하다 보면 가장 깊숙한 곳에 무엇인가가 숨겨져 있다고 했습니다. 그것은 단순한 트라우마나 사악한 것이 아니라, 위대한 것들은 깊은 곳에 숨겨져 있다는 것이죠. 나의 심연에도 무엇인가가 있습니다. 그것은 나의 본질이자 정수이며 보석입니다. 우리의 가장 깊은 곳에 있는 그것을 융은 '원형Archetype'이라고 불렀습니다.

개미는 학교에 들어가 개미집을 만드는 과목을 듣지 않고도 미로처럼 복잡한 땅 밑의 세계를 만들기 시작합니다. 설계도는 어디에 있을까요? 설계도는 그들의 존재 안에 새겨져 있습니다. 어떤 의미에서는 개미라는 개별 종이 탄생하기 이전부터 개미집이 선재되어 있습니다. 이와 마찬가지로 원형은 내 존재의 가장 밑바닥에 숨겨져 있는 잠재력입니다. 그것은 우리가 이뤄야 하는 숙명이자 자기를 실현하게 하는 본질입니다. 인간은 태어날 때부터 마땅히 이뤄나갈 목적이 있으며, 그 목적의 모든 것은 자신의 내면 깊숙한 원형으로 잠재되어 있습니다.

페르소나 Persona는 원래 고대 그리스의 가면극에서 등장하는 가면을 말하지만 이 용어는 사람Person과 성격Personality의 어원이 됩니다. 심리학 용어로도 자리 잡았는데, 페르소나는 분석심리학에서 우리를 둘러싸고 있는 기준과 규율, 의무를 뜻하는 사회적 가면을 뜻하며 카를 융 이론 전체에서 중대한 위치를 차지하고 있습니다.

  융은 사회적 가면인 페르소나를 통해 자신을 방어하고 조절할 수 있다고 했습니다. 이 페르소나를 잘 이해하는 이유는 페르소나가 너무 강하면 진짜 자기 모습을 찾기 어렵고 가면 뒤에 숨어 피상적인 삶을 살 수 있기 때문입니다. 직접 대면보다는 SNS, 가상 세계를 통한 연결이 활발한 요즘은 더욱 '나'에 대한 이해, 본질적인 진정한 '나다움'을 찾는 과정이 더 중요해집니다.

  저는 이 '진짜 나'를 찾기 위한 과정에는 '나의 욕구'가 무엇인지 바라보는 것이 중요하다고 생각합니다. 매 순간, 또는 지금까지의 나의 선택과 행동이 타인의 기대에 의해 만들어진 것은 아닌지 진실로 자신에게 질문할 수 있어야 한다는 것이죠.

상담 현장에서 보는 변화의 서막

  저는 수많은 상담을 하는데 그 과정에서 내면에 대한 이야기를 항상 마주합니다. 그중 나를 잃어버렸다는 이야기는 임상 현장에서 들리는 가장 흔한 이야기입니다. 저는 끊임없이 누군가를 만나는 직업을 가지고 있습니다. 누군가가 제게 상담이 보람 있고 의미 있는 일인지를 묻는다면 저의 대답은 "그렇다"입니다. 왜냐면 그 안에서 분명 희망을 발견하기 때문입니다. 희망은 인간의 내면에 있고, 희망은 자신을 아는 것에서 출발합니다.

상담을 할 땐 소수의 사람을 장기적으로 만나기도 합니다. 그 사람들은 심리적 고통과 오랫동안 쌓여 있었던 고민거리를 이야기합니다. 특별한 사정이 있어 아주 단기로 만나는 컨설팅이나 상담이 아니라면, 최소 3개월의 시간이 걸립니다. 심리적 고통이 상당하거나 심리적인 원형 자체를 다뤄야 하는 경우는 더 길게 만나는데, 몇 년 이상 지속적인 상담이 이루어지기도 합니다. 상담을 하면서 느끼는 것은 상담은 그 사람과 얼마만큼 깊게 만나냐가 좋은 상담으로 이어진다는 것입니다.

상담은 언뜻 보면 대화이기 때문에 쉬워 보이기도 합니다. 고민상담과 별 차이가 없는 것처럼 보이기도 하죠. 저는 상담은 능숙하고 숙련되기엔 매우 어려운 분야라고 생각합니다. 상담은 들어가면 들어갈수록 고난도의 일이라는 것을 절감하기 때문입니다.

그럼 좋은 상담은 어떤 특징이 있을까요? 사람마다 다르겠지만 크게 두 가지로 볼 수 있습니다. 먼저 내담자의 깊은 내면을 들여다보는 것입니다. 좋은 상담자를 만나면 스스로 경험해보지 못했던 관계의 체험을 하기도 합니다. 그 안에서 스스로를 되돌아보게 되고, 잊고 있던 기억, 감정, 생각이 휘몰아치게 됩니다. 이는 매우 짜릿하고 흥미로운 일이기도 하지만 그 감정과 마주한다는 것은 매우 고통스러운 일이기도 합니다. 그것을 상담에서는 '직면'이라고 하는데, 고통 속에서도 직면할 수 있도록 도와주는 상담자의 역할이 큰 것이죠.

그리고 또 다른 하나는 깊은 내면에서 작은 변곡점을 발견하여 점진적으로 삶의 변화를 도모하는 것입니다. 바로 '깊이'의 축과 '변화'의 축입니다. 누군가를 깊이 만나고 그 사람에 걸맞은 변화의 동력을 구축해 나가는 겁니다.

그러나 그 작업이 결코 만만치는 않습니다. 일단 깊이 만나는 것도 어렵거니와 그렇더라도 그 깊이에서 변화를 도모하기는 더욱 어렵습니다. 내담자는 변화를 위해 이 자리에 왔음에도 저항하고 변화를 거부하기도 합니다. 보통 상담에 오는 사람은 대부분 관계에 문제를 가지고 있거나 스스로에 대한 심리적 고통이 심한 사람입니다. 혼돈으로 뒤덮인 일상 속에 있는 사람과 상담을 하다가 강력한 저항의 벽에 부딪쳐보면 이 일이 얼마나 큰 에너지가 필요한지 깨닫게 됩니다.

고통스러운 성찰 속에서 움트는 기적

　에너지가 바닥날 만큼 왜 그토록 고통의 저항이 격렬할까요? 그것은 보통 문제가 오래되었기 때문입니다. 어느 측면에서는 그러한 부적응적인 삶에 익숙해져 있기 때문이죠. 예를 들어 남의 비위를 계속 맞추는 사람에게 자기 표현을 할 수 있도록 하는 것은 매우 어려운 일입니다. 그것은 그 사람을 어린 시절부터 지금까지 생존하게 만든 방식이기 때문입니다. 그렇게 했기 때문에 살 수 있었던 거죠. 몇 가지 대화법을 배운다고 쉽사리 바뀔 수 있는 것은 아닙니다. 자신이 어떤 불편한 감정을 느끼게 되었다고 하더라도 그것을 입 밖에 내기까지에는 무수한 어려움이 놓여 있습니다.

　가장 큰 난제는 어린 시절에 형성된 트라우마적 사건과 함께 형성된 감정들입니다. 이른바 수치심, 두려움, 버려짐, 홀로 있음, 죄책감과 같은 혼돈된 감정들인 것이죠. 그리고 이 모든 감정은 한데 섞여서 나타나기도 합니다. 이 뭉쳐져 있는 감정이 불안입니다. 불안은 하나의 덩어리와 같은 감정이자 안개처럼 알 수 없는, 해석되지 않은 감정인 거죠.

　이렇게 불분명한 감정은 보통 상담에서 드러납니다. 특히 혼돈 속에 있는 내담자는 유독 불안의 물결이 거셉니다. 그러나 그러한 감정들을 하나씩 가만히 살펴보고 다루는 작업은 상당히 아프죠. 그래서 내담자의 심연을 탐색해 들어가면 저항을 하고 방어기제를 쓰기도 합니다. 상담을 갑자기 그만둔다고 협박 아닌 협박을 하기도 하고 도리어 상담자를 비난하기도 합니다. 그렇다고 해서 상담에서 깊이 들어가지 않고 얕게만 만나면 "왜 이렇게 상담이 겉돌죠?"라는 불만을 쏟아내기도 합니다. 즉, 상담의 과정은 너무 깊지 않게 그렇다고 해서 너무 얕게만 다루지 않는 예술성이 필요합니다. 충분한 환대와 따뜻함은 내담자의 심연을 가로막고 있는 방어벽을 서서히 걷어치우게 합니다. 그리고 그들은 자신이 가지고 있는 고통스러운 감정을 서서히 드러냅니다.

그런데 감정은 전염력이 있습니다. 내담자가 보내는 불안은 상담자에게 전달되며 불안에 휩싸이게 되는데, 이렇게 감정이 누군가로 전달되는 과정을 '전이Transference'라고 합니다. 그리고 전이는 상담자에게도 고통스러운 작업이며 다양한 '역전이'를 불러일으킵니다. 내담자와 상담자가 가까워지는 만큼 '전이와 역전이'도 점점 깊게 형성됩니다.

따라서 상담이란 본질적으로는 많은 사람이 생각하는 것처럼 문제를 해결해주는 컨설팅 분야라기보다는 그 사람의 고통스러운 세계에 함께 머무르는 과정에 가깝습니다. 그런 의미에서 상담자는 게임으로 따지면 힘에 겨운 내담자에게 물이나 쉴 곳을 제공하는 NPCNon Player Character, 비플레이어 캐릭터에 불과합니다. 정치적으로 말하면 최고로 잘 해봐야 러닝 메이트이고, 중세 시대로 말하자면 킹 메이커인 거죠.

마찬가지로 인생의 문제는 누군가가 쉽게 해결해줄 수 있는 것이 아닙니다. 아무리 유능한 상담자라고 하더라도 변화를 일으키는 데 지지자나 촉진자로서의 역할을 할 뿐입니다. 변화는 그 사람이 스스로 만드는 것이죠. 의외로 상담은 공감으로 가득 찬 이야기를 하는 곳만은 아닙니다. 오히려 잃어버렸던 목적과 목표를 찾고 적절한 전략과 계획을 구축하여 우뚝 온전한 '자기 자신'으로 서 나가는 법을 배우는 과정이기도 합니다.

사람은 결국 '선택'하는 주체이며, '책임'을 지는 존재입니다. 선택과 책임이란 건강한 인생을 살아가는 두 가지 축입니다. 그것은 수동적이고 피해의식에 젖어 사는 것을 거부하고 자기 삶의 주도성과 자유를 획득하는 과정입니다. 상담의 과정은 내담자의 내면에 있는 상처를 충분히 수용하고 애도하는 동시에 그 사람이 일어나는 힘을 함께 발견하고 확장하는 것입니다. 아픈 마음의 상처를 치유하는 과정을 지니지만 결국 성장을 향하고 있습니다.

상담을 통해 내담자들은 고착된 문제와 고통을 안고 오지만 상담 너머에서 그들은 변화를 갈망합니다. 그러나 변화의 씨앗은 그 사람이 정확히 잃어버린 것에 있습니다. 그것은 그 사람의 내면에 감춰져 있습니다. 더 정확히 말하자면 내면의 깊이에 있습니다. 그 과정은 고통스럽지만 그 속엔 그 사람이 잃어버린 의미와 중요한 가치가 숨겨져 있습니다.

나의 발견, 의미와 가치를 찾아서

하강의 바닥을 찍고 나서야 비로소 우리는 그 반동으로 다시 도약할 준비를 합니다. 변화는 A라는 상태에서 B라는 좀 더 가능성이 있는 상태로 이동하는 것을 뜻합니다. 그런데 그 말은 일단 A라는 위치에 착지해야 B로 갈수 있다는 것이죠. 그리고 A는 깊이 속에 잠재되어 있습니다. 그렇다면 그 A는 무엇일까요? 저는 그것을 인간의 고유성이라고 봅니다. 그렇다면 인간의 고유성, 나의 고유성은 무엇일까요? 이때의 고유성은 자신이 무엇을 원하는지 아는 것입니다. 자신을 움직이는 동력을 이해하고 있어야 하는 거죠.

우리는 모두 잃어버렸을 뿐 제각기 스스로의 고유성을 가지고 있습니다. 그렇다면 그 사람만의 고유성은 어떻게 찾아야 할까요?

먼저 우리는 우리가 추구하는 행복에 대해서 들여다볼 필요가 있습니다. 그런데 예상과 달리, 인간이 진정한 행복을 느끼는 것은 그것을 달성하는 데 있지 않다는 것입니다. 분명 도달하면 매우 기쁠 것 같은데, 그 순간이 길지 않습니다. 높은 산에 올라가버리면 그 다음부터는 지루한 내리막이 이어집니다.

진정한 행복은 획득이 아니라 희망에 있습니다. 내가 변화할 수 있다는, 나아질 수 있는 희망 말이죠. 카를 융은 이를 일컬어 '자기 실현'이라고 불렀습니다. 성공은 획득하는 것이 아닙니다. 우리 모두는 성공에 근접해나가는 중일 뿐입니다. 죽을 때까지 마음에 그리는 어떤 목표나 성공에 결국 도달하진 못할 수도 있습니다. 스스로 생각하는 목표에 계속적으로 걸어가는 중이기 때문입니다.

작은 것을 이루고 또 작은 것을 이룹니다. 그 작은 것은 얼핏 보기엔 별것 아니지만 그 방향성엔 원대한 가치와 목표가 뻗어 있습니다. 그러한 희망을 가진 사람에게 세상은 희망차고 살 만한 곳입니다. 그런 점에서 진정한 행복은 이루는 것이 아닙니다. 행복은 그 자체로 희망인 것이죠.

제가 상담학자로서 경험을 통해 깨달은 것은 자신의 욕구를 실현하고 의미를 발견한 사람의 얼굴 표정은 그 무엇보다 밝다는 것입니다. 의미의 발견에는 아주 강렬한 힘이 숨겨져 있습니다. 그것은 점진적으로 일어납니다. 그러나 어느 순간 그 강렬한 힘은 그 사람의 삶을 송두리째 변화시킵니다. 그것이 '변화'의 핵심입니다.

변화는 내면에서 일어나며, 그 내면엔 우리의 미실현된, 잊혀진, 좌절된 욕구가 있습니다. 자신이 무엇을 좋아하는지, 원하는지를 분명히 알아차리고 있는 사람은 그 모든 난관을 기꺼이 뛰어넘을 만한 힘이 있습니다. 인간의 행동을 움직이는 공장은 동기이며, 동기 이면엔 욕망이 있습니다. 바로 그 욕구가 핵심입니다.

삶은 가능성을 발견하는 과정이다

자신의 잃어버린, 어쩌면 놓치고 있는 핵심 가치와 욕구를 찾고, 가능성을 꿈꾼다는 것. 그것의 힘은 얼마나 놀라울까요? 나의 의미와 가치를 지속적으로 탐구하는 것은 그 자체로 삶의 동력이 됩니다.

인생은 여러 단계를 거쳐 갑니다. 그중 인생의 시기에서 가장 주목을 못 받는 때가 중년기인 것 같습니다. 발달심리학에서 보통 아이가 성장할 때는 부모님, 청소년기에는 친구, 또래관계가 중요합니다. 이때의 발달 과업은 친밀감입니다. 그런데 중년기에 들어서면 중요한 발달 과업이 친밀감이 아니라 생산성입니다. 중년기가 되면 언덕에 탁 걸리는 느낌이 듭니다. 지금까지는 내가 항상 돌봄을 받아왔는데 이제는 돌봄을 받는 것이 아니라, 자녀와 부모 모두를 내가 다 책임져야 하죠. 중년기라고 해서 가장 경제적으로 풍족하다고 하지만 그다음 단계는 '은퇴', '퇴직'으로 아무것도 없을 수 있습니다. 그래서 가장 내향적인 시기라고도 합니다.

인생을 살아가면서 앞길이 거의 고속도로로 뻗어 있다고 하면 외향을 보면 되죠. 그런데 정말 꺾이는 느낌, '내가 왜 이렇게 된 거지'라고 물어볼 수 있는 시기가 옵니다. 중년기는 외향적인 사람들도 내향적인 사람으로 변모하게 되는 기점이라고도 합니다. 그래서 카를 융이 아주 유명한 이야기를 합니다.

> "외부를 보는 자는 꿈을 꾸지만 내부를 보는 자는 깨어난다. 진정한 창조성과 예술성은 자신의 내면에 있

다."

　중년기의 사람들은 복잡한 감정을 겪습니다. 내향성의 관점으로 '내가 무엇을 이루었나', '나는 충분히 잘 왔는가', '나의 정점은 어디인가'를 고민합니다. 이미 자신이 최고라고 여기면서 전문가라고 생각하는 사람, 이미 내 무대를 충분히 가졌다고 하는 사람도 있을 것입니다. 공허함과 무력감에 사로잡힌 사람들도 있을 것이고요. 눈여겨볼 것은 아직 내 무대는 열리지 않았고 충분히 남아 있으며 여전히 성장하는 토대, 그 길을 가고 있다고 생각하고 가능성을 열어가는 사람들입니다.

　제가 알고 있는 한 전문가가 있습니다. 그분의 학문적 깊이와 전문적 지식, 통찰력은 감히 최고라고 말할 수 있을 정도입니다. 그런데 제가 무언가를 이야기하면 그것을 매우 주의 깊게 들으시고 "그 이야기가 흥미로운데 나한테 좀 가르쳐줄 수 있겠나" 하면서 배움의 자세를 보입니다. 그분은 지금도 탁월하고 훌륭하시지만 여전히 그분은 성장하고 도약하고 있습니다. 자신보다 한참 어린 사람에게 알려달라는 것이 아닌, 가르쳐줄 수 있겠냐고 표현하는 태도에서 더욱 느끼는 바가 큽니다.

중년기는 이제 삶의 중반에 왔을 뿐입니다. 게다가 앞으로의 평균 연령은 기하급수적으로 늘어날 예정입니다. 그러므로 전성기는 아직 오지 않았다고 생각을 전환할 필요가 있습니다. 내가 꿈꾸었던 것을 이루었나를 생각하며 낙담하기보다는 여전히 내가 치고 올라갈 수 있다고 생각하고 용기를 낸다면 그 사람의 세상은 열려 있습니다. 그렇게 우리 삶은 더 생생해집니다. 삶에서 더욱 성장할 수 있는 기반으로 올라가는 발판이 됩니다.

저는 나이가 굉장히 많은 만학도를 학교에서 만난 적이 있습니다. 학교에 입학하셨지만 글 쓰는 것도 어려워하고 수업을 따라가는 건 더욱 힘들어하셨습니다. 그런데 공부를 포기하지 않고 끝까지 버텨내셨습니다. 그래서 제가 물어봤어요. 어떻게 그 힘든 과정을 버티고 졸업까지 하셨는지요. 그런데 저를 보고 환하게 웃으면서 이렇게 말씀하셨습니다.

> "공부하는 건 제가 아주 오래전부터 꿈꾸던 일이에요. 힘들지 않아요. 정말 원하고 꿈꾸던 일이잖아요. 저는 공부를 하면서 내가 아직 살아 있구나, 잘하고 있구나, 제 자신의 가치를 찾았어요."

그때 그분의 눈동자 속에서 어린아이 같은 소녀를 발견했습니다.

내일은 언제나 가능성의 세계로 열려 있습니다. 가야 하는 길, 아직도 남아 있는 길에서 오늘 무엇을 선택하느냐에 따라 미래는 바뀝니다. 꿈꾸는 가능성이 하나의 현실이 될 수 있습니다. 가능성에 머물러 있는 시간을 늘리다 보면 그 안에서 좋은 열매를 맺을 수 있는 토대가 생길 것입니다. '좋은 것을 이룰 수 있다'는 희망은 인간이 가장 위력을 가질 수 있는 고유의 힘입니다.

나를 아는 것은 진정한 동기에서 시작된다

지금 이 순간 어떤 가능성을 실현하려고 하나요? 스스로 질문해보았으면 합니다. 삶의 이유가 분명한 사람은 뿌리가 튼튼해서 사소한 잔바람에 흔들리지 않습니다. 그러나 뿌리가 튼튼하려면 땅에 깊이 박혀 있어야 합니다.

> "그 모든 의미는 우리의 깊은 내면에 숨겨져 있습니다. 그 안에서 의미를 찾으려고 합니다. 가능성과 의미가

인간을 살립니다."

정신분석학자인 도널드 위니컷Donald Winnicott, 1896~1971은 자기Self를 거짓 자기False Self와 참 자기True Self로 나눴습니다. 거짓 자기란 부모와 같은 아주 중요한 타자가 나의 욕구가 아닌 자신의 욕구를 계속 요구하고 압박할 때 발생합니다. 예를 들어 어린 시절부터 부모가 아이에게 계속 의사가 되라고 하면서 학원의 의대입시준비반에 등록할 때 아이는 그것을 무비판적으로 수용하기 시작합니다. 그래서 누군가가 그 아이에게 꿈이 무엇인지를 물어보면 아무렇지 않게 '의사'라고 대답합니다. 그러나 그것은 아이가 원하는 것이 아니라 부모가 원하는 것입니다.

왜 아이는 이렇게 부모의 말을 따를까요? 먼저 아이는 충분히 자아가 형성되지 않았기 때문입니다. 또한 아이에게 부모는 너무나 영향력이 큰 존재이기 때문입니다. 그래서 자신의 욕구를 숨기고 그들의 욕구를 따릅니다. 자신은 아직 어린 아이지만 그들에게 희망을 주고자 기둥이 되려고 하기도 합니다. 그러나 그러한 거짓 자기는 어느 순간 공허함을 갖게 합니다. 진짜 자신이 아니기 때문이죠.

예를 들어 어떤 이가 전문직에다가 누구나 부러워할 만한 회사의 중직을 맡고 있다고 하더라도 그것이 부모의 요구와 압박으로 이루어진 것이라면 그 사람의 존재엔 거짓 자기가 깊이 스며들어와 있습니다. 그는 갑자기 어느 날 아침부터 무기력에 빠지게 됩니다. 회사에 나가기도 싫고 일을 하고 싶지 않습니다. 무엇인가 자신이 가짜와 같다는 생각이 듭니다.

반대로 참 자기란 내적인 감정과 욕구와 연결된 자기입니다. 그토록 찾으려 한 진짜 나인 셈이죠. 참 자기는 관념이 아니라 아주 실제적인 나입니다. 참 자기가 가득한 사람일수록 아주 작은 것부터 큰 것까지 자신이 원하는 것, 좋아하는 것, 가장 가치 있게 생각하는 것을 실천합니다. 그리고 참 자기의 중심에 '욕구'가 있습니다. 저는 죽은 것과 같은 사람들, 생생함이 사라진 사람들, 희망이 없는 사람들과 다양한 상담적 개입을 할 때 그들의 숨겨진 욕구를 찾습니다. 그리고 바로 그 지점에서 그들의 표정이 바뀌는 것을 목격합니다. 그들이 욕구를 품고 그 욕구를 실천할 수 있는 경험을 지속할 때 그들은 진짜 자신으로 바뀌어 갑니다.

"우리는 어떻게 연결되고 무엇을 통해 정말 원하는 나, 내 안의 진정한 나를 만날 수 있을까?"

참 자기를 만나기 위해서는 내 안에 숨겨진 욕구가 무엇인지를 찾는 것에서부터 시작합니다. 그 이야기를 더 깊게 나눠보도록 하겠습니다.

3강

욕구

인간을 움직이게 하는 내면 동력

3강

나를 이해하기 위한 정서지능

 우리가 일상에서 회복하고 발현되어야 하는 강력한 욕구들을 발견하기 위해 우선 정서지능에 대해 알아보려고 합니다.
 일반적 지능이 추론 능력이나 단기 기억 능력, 언어 능력 등을 의미한다면 정서지능이란 인간에 대한 이해가 얼마나 잘 구축되었는지를 볼 수 있는 지표입니다. 심리학자인 대니얼 골먼Daniel Goleman, 1946~현재에 따르면 정서지능은 크게 다섯 가지로 나뉩니다.
 첫 번째, 자기 인식Self-Awareness입니다. 자기 인식이 뛰어난 사람은 자신이 어떤 감정을 느끼고 있는지를 잘 알아차리고 스스로에 대한 이해 능력이 높습니다. 자신의 욕구와 감정을 명확하게 인식하고 있으며 너르고 깊은 그릇으로 세상을 바라볼 수 있어 편견과 왜곡된 선입견으로 누군가를 단정하지 않습니다. 세상을 선명하게 바라보며 타인에 대한 호기심을 가지고 있습니다.

둘째, 자기 조절Self-Regulation입니다. 자기 조절이 뛰어난 사람은 충동적인 행동과 감정을 조절할 수 있습니다. 감정을 통제할 수 있다는 의미로서 멘탈이 훌륭하다는 것은 바로 이런 사람을 두고 하는 말이겠죠. 반대로 분노 조절이 안 되는 사람은 겉으로는 강해 보일지 모르지만 가장 멘탈이 약한 사람입니다. 정신력은 외부가 아닌 내면에 있습니다. 그리고 자신의 내면을 통제할 수 있는 사람이 가장 멘탈이 좋은 사람입니다. 유혹을 잘 견딜 수 있고 스스로에게 주어진 역할을 끝까지 수행할 수 있는 인내심이 있는 사람이죠.

셋째, 동기 부여Motivation입니다. 동기 부여 능력이 뛰어난 사람은 자신이 세운 목표를 이루기 위해 필요한 전략과 자원을 적절히 구축할 줄 아는 사람입니다. 자신의 목표에 대한 분명한 확신을 가지고 있고 비전을 선명히 품고 있기 때문에 열정이 높고 적극적인 태도를 보입니다. 이런 사람은 실제로도 자신의 삶의 목표가 계속 실현되기 때문에 상당한 효능감을 지니고 있습니다.

주목할 것은 동기 부여 능력이 무서운 힘을 발휘할 때는 성공하고 있을 때가 아닌 실패하고 있을 때라는 사실입니다. 많은 사람들이 반복적인 실패를 하게 되면 더 위축되고 불안해지며 고립됩니다. 또 실패할지도 모른다는 무의식적인 두려움을 지니게 됩니다. 그러나 동기 부여가 큰 사람은 어둠 속에서도 끊임없이 빛을 발견하는 사람입니다. 무엇인가를 잘하기 위해서는 무수한 실패를 거쳐야 합니다. 언어를 배우거나 자동차 운전을 하거나 학업을 하는 과정 등 모든 과정이 그렇습니다. 이러한 사람은 실패 속에서도 일어나고 심지어 도약합니다. 동기 부여 능력은 회복 탄력성과 상응하는 개념으로서 '오뚜기'와 같은 사람을 지칭하기도 합니다.

넷째, 공감 Empathy입니다. 이는 타인이 느끼는 감정을 자신의 감정으로 가져와 읽어내고 느낄 수 있는 능력입니다. 타인을 적절히 이해하고 타인의 감정을 느낄 수 있다는 것은 얼마나 강력한 능력일까요? 호감을 주는 커뮤니케이션에 대한 여러 방법들이 나와 있지만 공감 능력이야말로 호감을 주고받는 대화의 정점에 위치하고 있습니다.

공감 능력이 높은 사람은 조망 수용 능력을 가지고 있습니다. 상대의 처지와 상황을 이해하려고 합니다. 공감 능력은 세상과 타인을 적의가 아닌 호의로 볼 수 있는 능력입니다.

누군가를 친구로 만들 수 있고 협동할 수 있으며 누군가가 자신을 찾을 수 있도록 합니다. 이는 우리 시대에서 가장 강력한 역량 중 하나입니다.

다섯째, 사회적 기술Social Skill입니다. 인간은 사회적 동물이기 때문에 사회적 기술은 생존에 매우 중요합니다. 포유류 중에서도 무리 생활을 하는 개체가 많습니다. 대표적인 동물 중 영장류인 침팬지가 있습니다. 20~150마리가 무리를 지어 생활하고, 필요에 따라서는 무리를 나누고 다시 합칠 수도 있습니다. 또한 각 공동체엔 어떤 역학이 존재하는데 때에 따라 동맹과 배신이 이뤄지며 알파 수컷을 중심으로 한 엄격한 서열 사회를 형성하고 있습니다. 그러나 알파 수컷이 힘으로 그 자리를 차지하는 것은 아닙니다. 제아무리 강한 침팬지도 두 마리의 침팬지를 동시에 상대할 수는 없습니다. 오히려 알파 수컷을 가르는 데는 사회적인 유대가 핵심입니다. 그래서 다른 침팬지의 털을 고르며 신뢰를 쌓습니다. 어린 수컷과 암컷들에게 호의를 베풀기도 합니다.

인간은 이보다 훨씬 복잡한 역학을 가지고 있습니다. 어떤 이는 배신을 하기 위해 타인을 조종하고 자신은 유대를 쌓는 척하기도 합니다. 침팬지는 털을 고르면서 신뢰를 쌓지만 인간이 신뢰를 쌓는 방법은 수천 개 이상입니다. 웃음과 악수부터 시작하여 그 사람의 생일에 맞춰 여러 문구를 넣은 손편지와 선물을 주기도 합니다. 게다가 인간은 다른 동물보다 훨씬 더 촘촘하고 거대한 사회적 공동체를 형성하고 있습니다. 2명의 모임부터 백만이 넘는 무리를 이루기도 합니다. 연인, 친구, 가족부터 동호회, 종교 모임, 학교, 기업, 국가, 문화권까지 그 모든 것엔 사람들이 모여 있습니다.

사회적인 나의 욕구

인간이 강한 이유는 유대관계 때문입니다. 인간 혼자서는 사자를 상대할 수 없지만 무리를 지은 인간은 사자무리도 너끈히 이길 수 있습니다. 사회적 소속감을 갖는 것은 고대로부터 생존에 필수적이었다는 뜻입니다. 그러기에 우리는 늘 어딘가에 소속되려고 애씁니다. 동시에 공동체로부터 단절되었을 때, 실제로 팔 다리가 끊기는 것 같은 이루 말할 수 없는 심리적 고통을 느낍니다. 가족은 생존을 위한 가장 큰 안전망입니다. 어떤 무리에 들어갔다는 것은 자신이 어떤 사람인지를 보여주는 중요한 대목이기도 합니다. 스스로를 소개할 때도 어떤 소속에 있는지를 중요하게 답합니다. 나의 존재와 무리는 떼려야 뗄 수 없는 운명인 것입니다.

그래서 우리는 공동체에 소속되었을 땐 한없이 기쁘죠. 그러나 그 공동체가 무너지려고 할 땐 더없는 불안을 느낍니다. 그 공동체로부터 자신이 유리되는 것 같을 때 위축감을 느낍니다. 사회적 기술은 이러한 사회적 공동체의 응집력을 높이는 능력입니다. 갈등이 있을 때 이를 조율할 수 있는 능력이 되기도 합니다. 친구를 사귈 수도 있으며 물건을 거래할 수 있습니다. 설득할 수 있고, 팀워크를 형성할 수도 있습니다. 그래서 리더로서 갖춰야 할 중요한 덕목이기도 합니다. 사회적 능력은 설득력, 협업 및 팀워크, 타인과의 신뢰 구축, 네트워킹 및 관계 형성, 의사소통과 깊은 연관을 가지고 있습니다. 이런 능력을 가진 사람은 다양한 조직과 공동체의 허브로서 그 역할을 해내기 때문에 어떤 조직에서든 빠지면 안 되는 핵심적인 역할을 맡게 됩니다.

자신을 아는 것, 자기 인식의 중요성

이처럼 정서지능은 자기 인식, 자기 조절, 동기 부여, 공감, 사회적 기술이라는 다섯 가지 영역으로 구분되며 그 중요성은 더욱 더 커지고 있습니다. 대표적으로 MBTI를 위시한 성격검사, 소통과 관련된 강의, 회복탄력성, 비폭력대화, 호감을 주는 커뮤니케이션과 같은 주제와 콘텐츠가 더욱 주목받고 있습니다. 이는 정서지능에 대한 거대한 수요를 방증합니다. 그런데 이 다섯 가지 중에서 상대적으로 유독 관심을 못 받는 분야가 있습니다. 바로 자기 이해 기능, '자기 인식'인데요. 그러나 자기 인식은 나머지 네 개의 분야에 앞서는 필수적인 전제입니다.

예를 들어 보통 우리는 타인과 대화를 어떻게 하면 잘할 수 있는지는 관심이 있어도 정작 그 대화를 잘 이룰 수 있게 하는 내면의 힘과 공간에 대해서는 간과하는 경향이 있습니다. 자신에 대한 이해가 없는데 과연 진정으로 타인을 이해할 수 있을까요? 오히려 자기 이해가 전혀 안 되어 있는 상태에서 스킬만 갖고 있다면 독이 될 수도 있습니다. 자신이 알고 있는 몇 가지의 심리적 지식을 토대로 편견과 선입견으로 타인을 재단하고 판단할 수 있기 때문입니다.

사회적 기술 역시 마찬가지입니다. 진정한 상호작용은 나라는 존재를 명확하게 이해하고 있고 세상을 선명하게 볼 때 가능합니다. 자신에 대한 이해가 없는 상태에서 사회적 기술만 늘리면 어떻게 될까요? 친근하게 대하고 갈등을 중재하려고 했던 모든 행동이 자칫하면 조직의 희생양이 되거나 착한 아이 콤플렉스 경향으로 나타날 수도 있습니다. 심지어 자신의 경계가 명확히 구축되어 있지 않다면 타인의 의견이나 생각을 무비판적으로 수용하게 되며 자신을 잃어버릴 수 있습니다. 이런 사람은 지금 드는 생각이나 감정이 자신의 것인지, 타인의 것인지를 구별하는 것도 쉽지 않습니다.

자기 인식을 잘한다는 뜻은 자신의 나이나 역할, 이름과 같은 객관적 사실을 이해하고 있다는 것이 아니라, 자신의 내면, 즉 자신의 감정과 생각을 이해할 수 있는 능력이 높다는 것입니다. 내면은 밖이 아니라 안에 있으며, 넓이가 아니라 깊이에 있습니다. 즉, 나를 진정으로 좀 더 명료하게 이해한다는 것은 나에 대한 방대한 지식을 알고 있느냐보다 내 내면을 얼마나 깊이 아느냐입니다. 이는 마치 원석을 캐기 위해서는 땅을 파내 밑으로 들어가듯이 수직적인 축을 통해 나를 진정으로 이해하는 것이 중요한 것이죠.

첫 번째 나

저는 인간을 수직적으로 살펴볼 때 세 가지의 층이 있다고 생각합니다. 마치 그것은 지상층에 있는 나와 지하 1층에 있는 나, 지하 2층에 있는 나와 같습니다. 이것을 '첫 번째 나', '두 번째 나', '세 번째 나'로 이름 붙이겠습니다.

'첫 번째 나'란 가장 겉으로 보이는 나입니다. 일명 겉으로 보이기에 눈에 잘 띄는 나인 거죠. 아주 가까운 사이가 아니라면 우리는 보통 타인에게 별로 관심이 없습니다. 그러므로 이 '나'란 대부분의 사회적 관계에서 많은 사람이 알고 있는 '나'입니다. 보통 우리는 일상에서 만나는 사람들의 내면을 깊이 이해하지는 않습니다. 그러므로 첫 번째 나는 유독 두드러져 보입니다.

우리는 사회에서 어떤 나로 평가받고 싶은 걸까요? 괜찮은 나, 성실한 나, 밝고 긍정적인 나일 것입니다. 왜냐하면, 사회는 그런 구성원을 포용하며, 그래야 더 성공적인 삶을 살 수 있다고 믿기 때문입니다. 우리는 어린 시절 어른들에게 '첫 번째 나'가 되라는 이야기를 많이 듣습니다. 사회가 좋아하고 모두가 동경하는 모습 말이죠.

요즘 SNS나 온라인 매체가 등장하면서 '첫 번째 나'가 더욱 주목받고 있습니다. 사회에서 좋은 차를 타고 멋진 옷을 입으려고 하는 나의 모든 행동은 우리가 '첫 번째 나'를 추구하기 때문입니다. '모든 사람에게 괜찮은 사람이 되고 싶다. 성공

하고 뛰어난 사람이 되고 싶다.' 정작 그렇게 되지 못했다고 하더라도 우리는 항상 그런 사람을 지향합니다.

'첫 번째 나'는 뜯지 않은 포장지와 같습니다. 선물은 뜯기 전이 가장 매력적이죠. 그러나 포장지가 선물의 본질일 수는 없습니다. 아무리 멋지게 포장했다고 하더라도 그것은 사실상 껍데기이고, 본질은 깊은 곳에 있습니다.

두 번째 나

그다음으로 만날 나는 '두 번째 나'입니다. 두 번째 나는 소수의 사람이 알고 있는 나입니다. 여기서 소수의 사람이란 내가 태어날 때부터 지금까지의 모습을 잘 알고 있는 부모님, 나와 일상을 공유하고 있는 배우자, 자녀, 아주 가까운 친구들이 알고 있는 나인 거죠. 즉, '두 번째 나'는 많이 알려지지 않은 나이지만, 이것이야말로 나의 사적 세계이자 일상에 가깝습니다. '첫 번째 나'보다 '두 번째 나'는 좀 더 깊은 나입니다.

두 번째 나란 멋진 정장보다는 잠옷을 입은 '나'입니다. 더 인간적이죠. 그것은 포장지보다는 자신이 이해하고 있고 인식하고 있는 본래의 모습과 좀 더 가깝습니다. 그러나 인간적이라는 것이 꼭 좋은 것만은 아닙니다. 상냥하고 여유로운 모습이 아닌 조급하고 작은 일에도 토라지는 모습이 나타나기도 합니다. 이타적이라기보다는 이기적이고, 유머러스하기보다는 퉁명스러우며, 밝게 웃기보다는 갑작스러운 짜증을 내며, 깨끗하기보다는 지저분한 모습을 가지고 있기도 합니다.

'첫 번째 나'에 치중하다 보면, 이 '두 번째 나'를 잊어버릴 때가 있습니다. 그러나 '첫 번째 나'가 사회에서 어떤 역할을 하고 집으로 돌아올 때, 아무리 멋진 무대를 가지고 있더라도 화려한 조명이 꺼질 때 '두 번째 나'는 등장합니다. 메이크업을 지우면 '두 번째 나'가 찾아와 민낯을 들이밉니다.

그런데 '두 번째 나'를 알게 되었을 때 타인이 별로 좋아하지 않는다는 것입니다. 가족이나 혈연 관계가 아닌, 타인은 받아들이기 어려울 수도 있습니다. 대부분의 연애는 '첫 번째 나'에서 시작을 합니다. 그러나 둘이 가까워지는 만큼 '두 번째 나'는 등장할 수밖에 없습니다.

결국 이 '두 번째 나'는 실제적인 나를 드러내고 있습니다. 이런 '나'를 상대가 수용하면 수용할수록, 내가 상대의 이러한 일상을 소중하게 생각하고 반영할수록 서로의 관계는 깊어집니다.

'두 번째 나'는 환상이 지나고 현실을 보는 단계이지만 이 토대에서 진정한 관계가 성립되는 것이죠. 일반적으로 우리 가족이 괜찮은 관계인지, 아닌지를 들여다보려면 가족과 있을 때 얼마만큼 편한지를 생각해보면 좋습니다. 불편하다는 것은 '첫 번째 나'를 많이 보여야 한다는 뜻입니다. 반대로 편안하다는 것은 '두 번째 나'도 얼마든지 보여줄 수 있다는 것입니다. 친밀하다는 것은 서로의 일상을 공유한다는 것이고, 개인의 사적 공간과 세계를 함께 공유한다는 뜻을 품고 있습니다.

세 번째 나

이제 세 번째 나를 소개할 시간입니다. '세 번째 나'란 가장 깊은 나입니다. 친한 사람에게도 말하지 못하는 비밀스러운 나, 즉 나만 알고 있는 '나'입니다. 그것은 마치 판도라의 상자 안에 꽁꽁 싸매 넣어놓고 자물쇠로 잠가놓은 '나'를 의미합니다. 심지어는 너무 오래전에 넣어놓고 보지 않으려고 했기 때문에 자신도 잊어버린 '나'입니다.

왜 우리는 이 존재를 꽁꽁 싸매서 깊은 곳에 숨겨두었을까요? 그 안엔 우리가 마주하고 싶지 않은 열등감, 수치심, 상처의 경험이 숨겨져 있기 때문입니다.

그러나 숨겨놓았다고 해서 사라진 것은 아닙니다. 그때 겪었던 경험은 우리의 신경계에 새겨져 있습니다. 만약 우리가 어린 시절 파괴적인 이로부터 압도적인 공포에 짓눌려 있었다면, 지금도 우리의 몸은 작은 공포에도 깜짝 놀랄지도 모릅니다. 누군가 우리의 입을 틀어막고 압박감을 주었다면, 작은 주장을 하는 것도 어려울 수 있습니다. 어떤 사람은 이 상처가 너무 깊어 신음하기도 합니다. 그 상처를 숨겨놓으려 억압을 너무 강하게 하느라 여러 다른 문제가 생겨서 저를 만나러 오기도 합니다.

그러나 그곳엔 상처만 있는 것은 아닙니다. 거기엔 꼭꼭 숨겨놓고 다시는 열지 않아서 방치된, 나의 깊은 욕구가 숨겨져 있습니다. 즉, 세 번째 나는 '트라우마와 욕구'라는 두 가지 축으로 되어 있습니다. 내가 숨겨놓은 경험은, 그리고 그 경험을 가진 내면의 아이는 상처받은 아이이기도 하지만 욕구가 있는 아이이기도 합니다. 심지어 그 아이는 본래 생생한 눈빛과 꿈을 가지고 있는 아이이기도 합니다.

예를 들어 상처를 물어보는 질문은 "그 누구도 몰랐으면 하는, 모두에게 숨기고 싶은 가슴 아픈 상처가 무엇인가요?"라고 할 수 있습니다. 욕구를 물어보는 질문은 "아무에게도 말하지 않은, 중요한 열망이 있다면 무엇인가요?"와 같습니다.

욕구는 물체를 움직이게 만드는 보이지 않는 추처럼 우리 내면 깊숙한 곳에서 우리의 일상세계를 지휘하고 있는 통제자이기도 합니다. 만약 무엇인가를 먹으려고 한다면 거기엔 식욕이 있습니다. 안방에 있는 침대를 보자마자 너무 편안한 느낌이 들고 빨리 눕고 싶다면 쉬고 싶은 욕망과 자고 싶은 수면욕이 있는 것입니다. 우리는 날마다 다양한 감정을 느끼는데, 그 감정은 자연스럽게 욕구로 나타납니다.

인간의 모든 행동엔 동기가 있습니다. 그리고 그 동기를 형성하는 강력한 힘은 욕구입니다. 나를 이해하는 가장 강력한 방법은 '내가 무엇을 원하는가'입니다. 욕구에 대한 질문들을 좀 더 이야기해보겠습니다.

> 나는 스스로가 어떤 존재가 되기를 바라는가?
> 내가 간절히 바라는 것은 무엇인가?
> 나의 세계관은 무엇인가?
> 내가 가장 사랑하는 존재는 누구인가?
> 그 사람과 했던 가장 특별한 경험은 무엇인가?

이 모든 질문들의 중추엔 바로 나의 '욕구'가 있습니다.

현실치료, 나를 찾기 위해 욕구를 보다

상담심리학의 주요한 접근 중 '현실치료'라는 탁월한 이론이 있습니다. 이론의 설립자는 윌리엄 글래서William Glasser, 1925~2013입니다. 글래서는 당시에 팽배했던 어린 시절의 트라우마나 상처가 우리 삶을 규정한다는 통설을 거부했습니다. 그는 과거나 미래에 의한 시각이 아니라 '지금 여기'에서 무엇을 선택하느냐에 따라 삶을 얼마든지 바꿀 수 있다고 보았습니다. 그의 현실치료는 개인의 선택을 중시한다는 의미에서 '선택 이론'이라고 부르기도 합니다.

그런데 인간은 어떻게 선택을 하는 걸까요? 인간이 어떤 행동을 하게 될 때는, 선택이 있습니다. 그리고 선택이라는 스위치를 켤 땐 그것을 가동하는 공장이 있는데, 그 공장의 이름은 '욕구'입니다. 그런 점에서 인간은 거대한 욕구라는 시스템의 집합체일 수 있습니다.

즉, 현실치료는 그 사람의 숨겨진 욕구를 알아차리게 하고 이를 현실에서 실행할 수 있도록 돕는 방법입니다. 이 이론은 실제 상담의 현장에서도 자주 쓰이는 강력한 이론입니다. 단기간에 큰 변화를 이끌어낼 만큼 훌륭한 접근이기 때문인데요. 현실치료는 그 사람의 어린 시절 상처나 트라우마를 찾는 데는 관심이 없습니다. 오히려 '지금 여기', '눈앞의 현실', '내가 마주한 세계'에서 그 사람이 품고 있는 작은 욕구를 발견하는 데 주안점을 둡니다. 그리고 그 욕구를 실현할 수 있도록 돕는 것이 이 이론의 주요한 핵심입니다.

저는 실제로 현실치료를 활용한 여러 개입을 해보면서 한 주 한 주 다르게 변하는 내담자들을 볼 수 있었습니다. 특히 압박과 타율성에 가득한 사회를 사느라 먹는 것, 입는 것과 같은 단발적 욕구에만 집중하거나 심지어 자신의 욕구를 잘 모르는 사람에게 효과적인 방법인 것을 알 수 있었습니다.

임상 현장에서 내담자의 욕구를 찾을 때 윌리엄 글래서의 욕구 이론에 나오는 다섯 가지 욕구에 기반을 두는데, 배우기도 쉽고 강력한 접근이기도 합니다. 이 이론을 통해 내가 충족되고 있는 욕구와 그렇지 않은 욕구가 무엇인지 곰곰이 떠올려볼 수 있습니다.

우선 생존의 욕구가 있습니다. 생존의 욕구란 의식주를 비롯해 우리의 생존과 안전에 필수적인 욕구입니다. 예를 들어 음식을 먹고 싶고 화장실에 가고 싶으며, 자고 싶은 기초적인 욕구가 여기에 해당됩니다.

저는 예전에 중동의 오지를 방문한 적이 있었는데 현지인들이 살고 있는 마을을 지나쳤습니다. 당시 놀라운 광경을 보았는데, 그들이 살고 있는 집 중 상당수가 지붕이 없었습니다. 천막처럼 얼기설기 이어 붙인 것이 지붕의 역할을 대신할 뿐이었는데, 사회 인프라가 닿지 않고 취약계층이어서 천으로 지붕을 대신하고 있다는 것이었습니다. 그들은 수십 년을 그렇게 살고 있다고 했습니다.

이런 곳에서는 늘 생존과 안전을 위협받을 것입니다. 지붕이 없어 비가 오면 물이 새고 불쾌한 느낌을 가질 것이고, 문이 제대로 작동하지 않는다면 밤늦은 시간에 낯선 이방인의 발걸음에 소스라치게 놀랄지도 모릅니다.

그런데 만약 멀쩡한 집에 살면서도 무엇인가 생존과 안전을 걱정하고 있는 사람이 있다면 어떨까요? 그런 경우는 외부는 멀쩡해도 내면은 폭풍 한가운데 있을 수도 있습니다. 우리 삶이 극도의 스트레스에 있을 때 내 삶은 안전하지 못하다고 느낍니다. 직장 내 인간관계에서 지나치게 치이고 괴롭힘을 겪을 때 인간에 대해 치가 떨리기 시작하며 모든 것을 벗어나고 싶은 마음밖에 들지 않습니다. 너무 취약한 환경에 있거나 내면이 불안으로 가득한 경우 다섯 가지 욕구 중 생존의 욕구야말로 가장 강렬한 욕구일 수 있습니다.

두 번째는 사랑의 욕구입니다. 사랑의 욕구란 타인과 연대감을 느끼고 사랑을 주고받고 싶은 욕구입니다. 꼭 연인 관계나 거창한 가족과의 만남이 아니라고 하더라도 사람들과 접촉하고 싶고 상호작용하고 싶으며 소속감을 느끼고 싶은 욕구입니다. 인간은 사람이 부재한 곳에서 급격한 불안을 느낍니다. 사람들이 자신을 별로 좋아하지 않는다고 느낄 때 분노를 경험할 수 있는데 이 분노가 나타나는 이유는 그 사람이 사랑받고 싶었던 마음이 좌절되었기 때문입니다. 아이가 어른이 되어도, 또 노인이 되어도 이 사랑받고 싶고 사랑하고 싶은 욕구는 전혀 줄어들지 않습니다.

취업에 계속 낙방하고 미래에 대해 한 치 앞도 예상할 수 없을 때 그 사람을 지배하는 가장 강력한 욕구는 생존의 욕구입니다. 그러나 원하는 직장에 합격하고 조금씩 삶에 적응하게 될 때 생존의 욕구는 어느 정도 충족이 됩니다. 집을 살 만한 여유가 될 땐 생존의 욕구는 더 많이 충족됩니다. 그럼 그들의 마음엔 또 다른 작은 빈 공간이 생기는데, 누군가를 초대하고 싶고 함께 하고 싶은 마음이 듭니다. 그런데 왜 이런 선택을 하는 걸까요? 인간은 인간으로부터 사랑받기를 갈구합니다. 수천 년 전이나 지금이나 항상 끊이지 않는 주제의 중심에는 사랑의 욕구가 있습니다.

세 번째는 힘의 욕구입니다. 힘의 욕구란 헤라클래스나 격투기 선수들이 발휘하는 강한 물리적 힘을 의미하기보다는 영향력의 욕구와 가깝습니다. 자신이 중요한 존재가 되고 싶은 욕구 말입니다. 우리는 태어나면서부터 자신의 영향력을 키우려고 합니다. 어린 아이는 주먹을 꽉 쥐고 태어납니다. 더 커서는 자신의 물건을 뺏기지 않으려고 합니다. 형제와 자매가 그렇게 싸우고 갈등하는 이유엔 영향력의 욕구가 숨어 있습니다. 아이들은 대단한 능력을 가진 초인이나 로봇, 멋진 왕국을 물려받는 공주와 왕자의 이야기에 열광합니다.

우리 아이가 아주 어렸을 때 번개맨이 나오는 공연에 간 적이 있습니다. 무대에 번개맨이 등장했고 아이들은 열광했는데, 번개맨이 "번개 파워"라는 말과 함께 무엇인가를 발사하려는 몸짓을 하자 많은 아이들이 너나없이 있는 힘껏, "번개 파워"를 똑같이 따라했습니다. 우리가 슈퍼 히어로 영화에 열광할 때, 그 위대함과 찬란함에 대한 감정은 바로 우리 안에 있는 것입니다. 하늘을 날지 못한다고 하더라도 또 다른 측면으로는 자신이 앞으로 나아가야 할 영향력에 대한 욕구를 나타내는 것이죠.

발달심리학에서는 나이가 들면 자신의 역할을 정리하고 스스로의 삶을 통합하는 과정을 겪는다고 말합니다. 힘의 욕구는 줄어들고 스스로의 삶을 제한하기 시작한다는 것인데, 바로 죽음을 준비하기 위해서입니다. 그런데 영향력의 욕구가 꼭 줄어드는 것도 아닙니다. 인간은 기본적으로 눈을 감을 때까지 자신이 쥐고 있는 것들을 쉽게 포기하지 못합니다. 나이가 든다는 것은 그만큼 죽음이 가까워진다는 것을 의미하기에 통합하려는 경향도 있습니다. 그러나 다른 한편에서는 죽음의 불안을 방어하기 위해 오히려 영향력의 욕구가 더욱 강해질 수도 있습니다. 이러한 힘의 욕구는 아이든 청년이든 노년이든 그 누구도 숨이 끊어지기 전까지는 내려놓기 힘든 것입니다.

  저는 지금까지 극심한 우울과 불안을 겪고 있는 사람을 만나면서 발견한, 단 한 사람도 예외가 없던 하나의 진리가 있습니다. 그것은 누구나 자신이 중요한 사람이 되고 싶어 한다는 점입니다. 어쩌면 깊은 우울은 자신이 마땅히 이뤄야 할 것들, 자신이 정말 사랑하는 것들을 상실한 것에 비롯되었을지도 모릅니다. 그 상실감 이면엔 그만큼의 좌절된 욕구가 자리합니다. 힘의 영향력은 생이 시작되는 순간부터 마치는 순간까지 결코 뗄 수 없는 관계입니다.

자유와 즐거움의 욕구

에이브러햄 매슬로우Abraham Harold Maslow, 1908~1970의 욕구 위계 이론에도 생리적 욕구와 안전 욕구가 있습니다. 이는 생존의 욕구와 연관됩니다. 또한 소속감 및 애정 욕구는 사랑의 욕구와도 연관되죠. 존중의 욕구와 자아실현 욕구는 힘의 욕구와도 연관됩니다. 그런데 나머지 두 욕구는 무엇일까요? 바로 네 번째인 자유의 욕구와 마지막인 즐거움의 욕구입니다.

우선 자유의 욕구는 어떻게 작용하는 걸까요? 많은 사람은 틀에 박힌 일상 속에서 별로 자유롭다고 생각하지 않습니다. 세상이 우리를 짓누르고 있는 여러 의무들로부터 조금이라도 벗어나는 것을 허용하지 않기 때문입니다.

의무로만 가득한 삶을 사는 사람에게 동기라는 것이 생길 틈이 있을까요? 그 사람에게서 어떤 열정의 실마리를 발견할 수 있을까요? 자유가 박탈될 때 우리는 영혼이 없는 표정이 됩니다. 강한 의무감을 밀어붙이면 반항심이 싹틉니다. 반대로 말하자면 숨이 트이는 공간, 환경을 꿈꾸고 있다면 자유를 꿈꾸고 있을 수 있습니다.

채널을 돌리다가 〈나는 자연인이다〉가 나오면 자신도 모르게 빠져들어 보고 있다면 억압된 세계를 떠나 자유를 갈망하고 있는 것일 수 있습니다. 우리가 해외여행을 떠나고 싶은 이유, 뭔가 알지 못하는 세계로 모험을 떠나는 이야기에 현혹되는 데엔 자유의 욕구가 숨겨져 있습니다. 의무로만 가득한 곳에 있다 보면 자유의 욕구는 묵살됩니다. 밖에선 감정 노동자로, 집에 오면 양육을 하느라 파김치가 된 사람에게 자유로운 삶이란 10분도 없을 수 있습니다.

 자신의 삶인데도 자신이 원하는 삶을 살지 못하고 타율적인 삶을 산다면 그만큼 자유의 욕구는 박탈된 것입니다. 저는 자신의 감정과 욕구를 누군가에게 표현하지 못하고 꽁꽁 숨겨놓는 사람을 만납니다. 그리고 그들은 그동안 하지 못했던 말들을 할 수 있도록 돕습니다. 숨겨놓은 감정을 인식하고 표현해보고 수용해보는 작업은 상담 안에서 이뤄지는 기초적인 일입니다. 그들은 이러한 과정에서 속이 후련해진다고 합니다. 우리 삶의 층층이 배치된 억압을 걷어내는 만큼 자유로움을 느낍니다.

 그리고 마지막 욕구는 즐거움의 욕구입니다. 지금 일상에서 많은 즐거움을 느끼고 있나요? 만약 즐거움을 잊고 있다면, 그것을 경험했던 기억이 언제였는지를 떠올려보았으면 합니다. 소풍 날 보물찾기를 할 때 실제로 돌 틈에 숨겨놓은 종이 쪼가리를 정신없이 찾아다녔던 기억, 가을날 할머니, 할아버지가 쥐어준 알밤, 어스름한 겨울 저녁에 볼이 얼어붙을 정도로 혹독한 추위에 만들었던 눈사람. 즐거움은 우리의 기억에 선명하게 배어 있습니다.

 즐거움에 대한 욕구를 채우는 좋은 방법 중 하나는 과거에 내가 좋아했던 활동을 해보는 것입니다. 드로잉을 좋아했다면 드로잉에 관련된 공동체를 찾아보는 것이 첫 걸음일 수 있습니다. 맛집을 떠올렸다면 그곳을 다시 찾는 과정도 좋습니다.

 즐거움과 관련된 활동, 경험, 기억과 가장 가까운 것은 '놀이'입니다. 어린 시절 친구들과 놀이에 몰입했을 때를 떠올려 보면 우리가 이겼을 때 즐거웠던 것이 대단한 보상이 있기 때문은 아니었습니다. 우리가 그 행동에서 깊은 전율과 감동을 느끼는 이유는 행위의 과정 자체가 우리에게 만족감을 주기 때문입니다. 우리 삶에 좀 더 즐거운 활동이 있어야 하는 까닭은 그것을 해야 성공하기 때문이 아니라, 그 자체를 경험하는 것이 우리에게 행복을 주기 때문입니다. 그리고 놀이는 그 자체로 보상이 되는 거죠. 일상에서 좀 더 즐거운 활동을 경험할수록 내 삶이 어둡고 지루하다는 인식이 바뀌기 시작합니다. 삶이 여전히 생생하고 밝고 흥미 있는 것이라는 희망을 갖게 합니다.

또한 놀이를 통해 우리는 다양한 자극을 경험합니다. 내가 정말로 좋아하는 취미가 생길 때 나는 나에 대해, 세상에 대해, 타인에 대해 진정한 관심과 호기심을 느끼게 되고 가능성을 꿈꾸게 됩니다. 삶이 즐거울 때 우리는 모험과 도전감을 가질 수 있습니다. 삶이 메마르다면 물이 들어와야 합니다. 거대한 대양과 연결되어 있는 물줄기 말이죠.

저는 심리적으로 고통을 겪고 있는 수많은 사람을 만나면서 깨달은 하나의 진실이 있습니다.

> "자신이 좋아하는 것을 알고, 그것을 하는 사람이 과연 우울할 수 있을까?"

실제로 많은 연구에서 나온 행복의 핵심 변인엔 즐거움이 있습니다. 저는 앞서 설명한 다섯 가지 욕구 중 즐거움의 욕구와 자유의 욕구가 가장 관심을 못 받은 영역이라고 생각합니다. 그러나 자유와 즐거움은 과잉 스트레스와 중독적인 사회에서 그 자체로 잃어버린 인간성을 회복시킵니다. 우리 사회의 분열과 갈등을 치유하는 핵심적인 방향이기도 합니다. 특히 억압된 사회, 타율성이 지배하는 사회, 비교 사회에서 우리를 벗어나게 하는 유일한 통로는 '즐겁고 자유로운 나만의 시간과 공간'입니다.

생존, 사랑, 힘, 자유, 즐거움의 욕구, 이 다섯 가지의 욕구를 일상에서 어떻게 채우고 있는지를 살펴보기를 바랍니다. 그리고 그중에서 나는 어떤 욕구가 결핍되어 있는지, 부족한 욕구를 채우기 위해 시작해볼 수 있는 작은 활동은 무엇인지 생각해볼 기회가 필요합니다.

작은 목표들을 통해 욕구를 채워나가는 것은 잃어버린 자신을 찾는 가장 핵심적인 길입니다. 인간은 욕망하기에 존재하는 거죠.

일상이 지루하고 재미라고는 하나도 없다고 푸념하는 사람에게 한 가지의 처방을 이야기하곤 합니다. 이 방법은 매우 효과적이고 저 역시도 하고 있는 활동입니다. 그것은 바로 한 달에 1~2번은 새로운 장소에 가보거나, 새로운 사람을 만나도 좋고, 새로운 배움을 해보라는 것입니다. 유튜브를 통해 찾은 둘레길이 있다면 작은 커피 한 잔을 갖고 걸어보는 것입니다. 새로운 자극은 우리의 인지적 요소를 좀 더 긍정적으로 바꿔줍니다. 좁은 사무실에서만 생활하는 이에게 세상이 무척이나 넓고 광대하다는 것을 깨닫게 합니다. 삶은 반복적이지 않고 가능성으로 가득 찬 곳임을 체험할 수 있게 하는 것이죠.

그리고 이제 욕구에 이어 무엇인가를 떠올릴 수 있는 이미지, 우리의 삶의 지향점이자 이상향인 상상력에 대해 이야기해보고자 합니다. 인간을 늘 한 차원 높은 세계로 이끌어온 인간의 가장 빛나는 차별점인 상상력으로 안내하겠습니다.

4강

상상력

욕구를 희망으로 만드는 메시지

4강

상상력의 위력

　우리가 어떤 행동을 할 때, 그 행동을 일으키는 힘은 바로 욕구에 있습니다. 그런데 눈여겨볼 것은 우리에게는 다양한 욕구가 함께 공존한다는 점입니다. 심지어 어떤 욕구는 상충되기까지 합니다.

　예를 들어 매우 피곤해서 자려고 누워 있다고 해봅시다. 이 행동 이면엔 쉬고 싶은 욕구가 자리 잡고 있습니다. 그런데 그만큼이나 목에선 갈증이 생깁니다. 쉬고 싶은 욕구, 갈증이라는 욕구가 서로 싸우기 시작하는 거죠. 누워 있자니 목이 마르고 물을 먹으러 가자니 몸은 쉬고 싶다고 아우성입니다. 마치 가속 페달과 브레이크 페달을 동시에 밟는 상황입니다.

물을 마시러 가기 위해 좀 더 추진력을 줄 수 있는 것은 어떤 것이 있을까요? 먼저 의지력이 있습니다. 그러나 의지력이라는 자원은 한정적입니다. 기진맥진해 물을 뜨러 갈 만한 의지력이 남아 있지 않을 수도 있습니다. 그럴 때 중요한 것은 마시고 싶은 물을 생생하게 상상하는 것입니다. 얼음을 넣은 시원한 물을 벌컥벌컥 마시는 모습을 그려봅니다. 꿀꺽꿀꺽 넘어가는 소리가 들립니다. 그것을 강렬히 떠올리게 되면 자신도 모르게 물을 마시러 갈 확률이 높아집니다.

저는 영화 「빠삐용(1973)」을 매우 좋아합니다. 그 영화에는 생존의 욕구와 자유의 욕구 사이에 놓인 한 주인공이 있습니다. 영화의 제목이자 주인공인 빠삐용이죠. 그는 살인 누명을 쓰고 감옥에 갑니다. 그리고 그는 끊임없이 탈옥을 시도합니다. 노역장에 끌려가 갖은 고초를 겪을수록 빠삐용의 탈출 의지는 더 강해지기만 합니다. 그리고 그는 적절한 시기가 오자마자 탈출을 시도합니다. 그러나 지인의 배신으로 인해 빛이 차단되는 독방에 갇히고 식량 배급도 반으로 줄어들게 됩니다. 그가 독방에서 나왔을 때 그의 건강은 매우 좋지 않았습니다. 그러나 그는 여전히 바다를 보면서 자유를 꿈꾸며 또다시 탈출을 감행하게 됩니다. 하지만 다시 붙잡히고 이번엔 독방에서 무려 5년을 보내게 됩니다. 심지어 아예 탈출을 할 수 없도록 상어가 우글거리는 악마의 섬으로 말이죠. 그러나 그는 좌절하지 않습니다. 그 어떤 억압과 절망도 그 안에 희망을 향한 생생하게 빛나는 이미지를 가릴 수는 없었습니다.

저는 한 십대 아이를 만난 적이 있습니다. 그 아이는 어린 시절에 부모로부터 버려졌고 조부모 집에 살고 있었습니다. 경제적으로 궁핍했고 돌봄의 망이 부재했습니다. 저를 만난 이유는 조현병 초기 증상을 가지고 있었기 때문이었는데요. 그는 망상이라고 할 정도로 강렬한 이미지들을 간직하고 있었습니다. 저는 망상 자체를 경감하려고 하기보다는, 그 망상의 이미지가 어떤 모습인지, 어떤 내용을 담고 있는지에 집중했습니다. 누군가가 꿈꾸고 있는 이미지 안에는 그 사람의 내면에 대한 중요한 정보가 숨어 있기 때문입니다. 그는 누구와도 이야기를 잘 하지 않았지만 제가 그가 펼치는 상상의 세계에 관심을 갖기 시작하자 무척이나 놀란 모습이었습니다.

그의 수많은 이미지의 향연엔 의미가 숨어 있었고, 상징들로 가득했습니다. 저는 그의 이야기를 들으면서 탁월하다는 생각을 했고 감탄을 했습니다. 저는 점차 그가 조현병 환자가 아니라 예술가라고 생각하는 데 이르게 되었는데 제가 그를 예술가로 대할수록 그의 삶은 조금씩 나아지기 시작했습니다. 그리고 그는 정말로 예술가가 되었고 현재도 그 직업군을 갖고 살고 있습니다. 자신의 이름을 담은 작품이 세상에 나올 정도로 예술의 영역을 구축하였고, 그의 예술 세계는 여전히 저를 놀라게 합니다. 생생하게 꿈꾼 상상이 현실이 된 것이죠.

상상력이 인간의 역사를 만들다

우리는 무엇인가를 충분히 소유하고 있다면 그것을 원하지 않습니다. 이미 내 손에 있기 때문입니다. 즉, 현실은 원하는 것과 대비가 됩니다. 이처럼 원하는 것이란 충분히 가지고 있는 것이 아닙니다. 누군가에게는 물건이 될 수도 있고 어떤 이에겐 사람이 될 수도 있습니다. 또 다른 이에겐 하나의 세계관일 수도 있습니다.

누군가가 가지고 있는 이상향을 묻기 위해 제가 자주 하는 질문이 있습니다.

 "지금이 아니라 어린 시절에 되고 싶었던 것이나 하고 싶었던 것은 무엇입니까?"

어떤 사람은 그 말을 듣고 가만히 생각을 하더니 자신은 우주 비행사가 되고 싶었다고 했습니다. 그래서 우주 비행사가 되면 어떤 것을 해보고 싶은지 묻자 그는 화성에 정착해 도심과 자연을 조성해보고 싶다고 했습니다. 상담 내내 못마땅한 얼굴로 있던 그는 그 이야기를 하며 웃으면서 멋지지 않느냐고 되물었습니다.

여러 현실적인 상황상 지금 중년인 이 사람이 우주 비행사가 될 확률은 낮습니다. 그러나 그러한 세계관을 명료하게 찾아나가는 과정은 삶을 일으키는 원동력이 됩니다. 자신이 높은 가능성을 가지고 있다고 믿는 것은 우리의 삶을 풍요롭게 합니다. 내가 펼쳐낼 장, 이야기를 가진 사람은 가장 인간답다고 할 수 있겠죠.

인간이 인간다운, 동물과는 다른 점은 무엇일까요? 바로 상상과 은유, 문학, 상징과 같이 눈에 보이지 않고 손에 잡히지 않는 개념이 인간을 인간답게 합니다. 인간이 동물과 다른 점은, 인간은 현실적이지 않은 곳에 많은 가치를 둔다는 것입니다. 이상향, 목적, 의미나 가치, 인권, 자유, 평등과 같은 언어는 피와 뼈와는 달리 모호하기 짝이 없는 개념이지만 이 추상적인 개념은 우리 삶에서 너무나 중요한 부분을 차지합니다.

상상력의 사전적 의미는 실제로 경험하지 않은 현상이나 사물에 대해 마음속으로 그려보는 힘입니다. 경험하지도 않은 상, 이미지를 형성하는 능력이라는 것이죠. 그러나 상상은 관념에만 머물지 않습니다. 융은 상상을 일컬어 객관적 실체라고 하였습니다.

인간은 눈앞에 놓여 있는 것 이면을 상상하는 능력이 있습니다. 어떤 이미지를 꿈꾸는 이유는 우리 안에 그것을 작동시키는 기제가 있기 때문입니다. 인간은 상상하고 믿는 만큼 정해진 패턴을 넘어 새로운 세계로 한발 내딛게 됩니다. 그리고 그 패턴 속에서 무엇인가가 실현되기 시작합니다.

상상은 현실을 탄생시킵니다. 주위를 둘러보세요. 자연이 아닌 다음에서야 보이는 모든 것, 그것이 노트든, 키보드든, 물컵이든, 정교한 컴퓨터든, 거대한 빌딩이든 그것은 원래 있었던 것이 아니었습니다. 인간은 흙 속에서 탄생했고 벌거숭이로 모든 것을 시작했습니다. 그러므로 지금 내가 보는 것은 본래는 존재하지 않았고 누군가의 머릿속에만 있던 상상이었습니다. 우리는 과거에 어떤 선택을 했기 때문에 지금의 우리가 되었습니다. 그런데 그 선택을 이루는 동기엔 상상력이 움트고 있습니다.

내가 좀 더 나아질 수 있다는 희망이 있어야 우리는 자리를 박차고 좀 더 가능성이 있는 세계로 발걸음을 옮길 수 있습니다. 우리가 어떤 상상을 하고 있는지에 따라 그것은 좋은 쪽이든 나쁜 쪽이든 현실로 실현될 수 있습니다. 상상은 현실을 지배하며, 상상은 현실에 선행합니다. 인류의 무수한 역사를 살펴볼 때도 어떤 특정한 사람이나 군중이 어떤 생각을 가지고 있느냐가 세계에 엄청난 영향을 미쳤습니다.

상상력의 힘, 나에게 미치는 영향

우리 개인의 삶은 어떨까요? 저는 십대 때, 아주 뛰어난 재능을 가진 사람을 만난 적이 있습니다. 그 사람은 공부도 잘하고 운동도 잘했습니다. 특히 수리 영역에서는 천부적인 재능을 보였죠. 여러 학생들이 몇십 분 동안 못 푸는 문제를 그는 가만히 보다가 풀어버리는 능력을 가지고 있었습니다. 그러나 그의 상상력은 지나치게 부정적인 것으로 가득했습니다. 재능이 눈부신데도 불구하고 자신의 미래가 무너질 것이라고 굳게 믿었습니다. 그는 늘 그럴 가능성을 믿고 저에게 이야기했습니다. 결국 자신에게 주어진 모든 미래의 가능성을 파괴하기 시작했고 대학을 자퇴해버렸습니다. 그는 인품도 좋고 주위에 많은 사람이 있었지만 사람들의 연락을 끊어 버렸습니다. 늘 고립되는 상상을 하고 있었고 정말로 고립되어버렸습니다.

저는 상담이 하는 작업 중 가장 큰 부분 중 하나가 그 사람이 가지는 믿음을 검증하는 일이라고 생각합니다. 가령 누군가가 계속 사람들로부터 거절의 경험을 겪고 있을 땐, 그 반복적인 거절 속에서 기존에 형성된 사람에 대한 믿음을 파고듭니다. 그가 세상에 대해 얼어붙은 나머지, 나아지려는 시도를 하지 않을 때, 그 사람 내면의 세계에 대한 시각과 자신의 역할에 대한 비합리적인 신념과 믿음을 검증하게 됩니다. 그러다 보면 속에 있는 핵심적인 믿음이 나타나기도 합니다.

"나는 멍청이고 아무 재능도 없어."
"사람들은 나를 다 싫어할 거야."
"나는 실패자야."
"나는 망할 것이 분명해."

그들은 자신을 깊게 들여다보는 과정 중에 자신도 모르게 이런 말을 툭하고 내뱉습니다. 이 생각은 그 사람의 깊은 내면에 단단히 심어져 독소를 뿜어냅니다. 이런 파괴적인 생각은 누군가가 자신을 거절할 것이고 사람들이 나를 싫어하고 있다는 검은 상상력이 됩니다. 남에게 이용을 당하는 사람에게 그런 관계를 지속하는 이유를 물어보면 그들은 무심코 사랑받고 인정받고 싶어서라고 합니다.

어떤 의미에서 자기 자신이 부족하다는 상상력은 마치 물밑에 숨어 있는 검은 악어와 같습니다. 물을 축이기 위해 물가에 오는 가젤은 살려고 그 자리에 온 것입니다. 그러나 검은 악어는 웃음을 짓습니다. 가젤이 목을 축이며 갈증을 해소하는 순간, 악어는 갑작스럽게 들이닥치는 거죠.

저는 임상에서 내담자가 쏟아내는 잘못된 신념과 싸우는 일을 하기도 합니다. 더 정확히 말하자면 그 사람이 가진 거짓 믿음과 싸웁니다. 그리고 저는 그 믿음의 출처가 무엇인지를 묻기 시작합니다. 가령, 내담자가 생각하는 재능이 무엇이냐고 물어보면 그는 공부라고 합니다. 그럼 저는 다시 그중 어떤 공부를 뜻하는 것이냐고 물어봅니다. 끊임없이 이어지는 저의 집요한 탐구에 내담자는 깜짝 놀랍니다. 자신을 지배하던 검은 그림자가 정체를 드러냈을 때, 심지어 그 이야기가 자신의 것이 아니라 누군가가 반복적으로 자신에게 해왔던 메아리라는 것을 알게 되었을 땐 충격에 휩싸이기도 합니다.

"너는 도대체 뭐가 되려고 그러니?"

"그렇게 해서 인생을 제대로 살 수 있겠어?"

말도 안 되는 비난의 메아리를 반박하는 동시에 그들이 어떤 존재인지를 거울로 비춰서 보게 합니다. 그들이 자신의 가능성을 명료하게 볼 때 이전에 했던 상상이 아닌 다른 상상을 하게 됩니다.

제가 만난 어떤 이는 공부엔 재능이 없다고 생각하면서 아무 희망도 없다고 했습니다. 어린 시절부터 그는 자신의 형보다 공부를 하지 못했던 것에 깊은 열등감을 가지고 있었는데 그는 부모를 원망했고 형을 증오했습니다. 그럼에도 그는 부모님의 등쌀에 못 이겨 학업을 좀 더 잘해보고자 저를 만나러 왔습니다.

그러나 저는 그와 여러 과거 경험들을 하나씩 모아보면서 새로운 것을 깨달았습니다. 그는 어린 시절부터 물건을 파는 부모님의 사업을 도우면서 굉장한 보람을 느끼고 있었던 거죠. 그는 저와 이야기를 하면서 자신이 좋은 상품을 볼 수 있는 훌륭한 안목이 있다는 것을 발견했습니다. 그리고 그는 물건을 고객에게 잘 팔 수 있는 능력이 있었습니다. 그가 학교에서 적응을 할 수 없었던 이유는 그가 원하지 않는 수업으로

만 가득했기 때문이었습니다.

    그는 활동가이자 모험가였고, 마케터로서의 훌륭한 잠재력을 지니고 있었습니다. 그 한 줄기 빛은 그를 절망스러운 수렁에서 일으켜주었고, 점차 형과의 비교를 넘어서기 시작했습니다. 사실 형이 다니는 직장은 자신이 원하는 방향도 아니었습니다. 그는 작지만 자신의 사업을 해보고 싶었습니다. 기업을 운영하며 가치를 창출하는 과정에서 좋은 상품을 알아보는 안목은 너무나 중요합니다. 누군가에게 무언가를 판매할 수 있는 역량은 또 얼마나 강력한 재능일까요? 그의 삶이 조금씩 빛으로 바뀌어갔고 새로운 것을 상상하기 시작했습니다. 그는 드디어 부모를 용서하고 자신의 길을 걸어가게 되었습니다.

좋은 것을 상상해야 하는 이유

    누군가는 지금 상황이 어렵기에 아무것도 할 수 없다고 합니다. 경제적으로 어렵고 학업에 실패했으며 대인관계에서 고립되어 있는데 무슨 좋은 것을 상상할 수 있겠냐고 반문합니다.

하지만 저는 상황이 좋지 않기 때문에 오히려 좋은 것을 상상해야 한다고 생각합니다. 누구에게나 인생을 살면서 혹독한 겨울의 시기가 있습니다. 이 시기가 오면 모두가 넘어지고 맙니다. 넘어진 상황에서 일어나기 위해 필요한 전제 조건이 있습니다. 그것은 바로 '다시 일어날 수 있다는 믿음'입니다. 믿음은 희망으로, 희망은 행동으로 나아갑니다.

오히려 모든 것이 잘되고 있을 땐 우리의 상상력은 빈약해집니다. 그때는 현실에 집중하기 마련입니다. 현실에 좋은 것이 가득한데 구태여 다른 상상을 할 필요가 있을까요? 좋은 것에 둘러싸여 풍족할 때 우리는 그 열매를 취하는 데 주력합니다. 그만큼 현실적인 사람이 되는 것이죠.

그러나 반대로 삶이 우울하고 불안하며, 온갖 안 좋은 것으로 뒤덮여 있을 때 우리는 그와는 반대의 무엇인가를 상상할 수 있습니다. 가혹한 현실은 우리의 내면에 빛을 발견하게 합니다. 위인들의 자서전을 읽어본 이들은 알 것입니다. 그들의 가장 절망스러운 순간은 바로 그들의 예술성이 움트는 시기였다는 것을 말이죠.

영국의 민화인 『잭과 콩나무』에서 홀어머니와 잭이 살고 있었습니다. 가난에 찌든 나머지 어머니는 한 마리 남아 있는 소를 잭에게 주며 먹을 것을 사오라고 합니다. 그러나 잭은 귀중한 소를 어떤 나그네로부터 먹을 것이 아닌 신비한 힘을 가진 콩으로 바꿔옵니다. 어머니는 현실적인 사람이기 때문에 잭을 나무라죠. 그러나 잭은 콩이 가진 잠재력을 믿었습니다. 그는 씨앗을 볼품없는 것으로 보지 않고 나무의 재목으로 보았습니다. 놀랍게도 하룻밤 사이에 콩은 자라 하늘까지 닿았고 그는 나무를 타고 하늘로 올라갑니다. 그리고 위협적인 거인의 세계에서 새로운 도전을 경험합니다. 그는 소를 통해 잠시의 굶주림을 면할 수 있는 음식이 아니라 새로운 가능성을 샀습니다. 씨앗이 성장한 나무에 오른다는 것은 모험을 의미하기도 하고 위험을 의미하기도 합니다. 그러나 그는 꿈을 향해 용기를 내고 도약했습니다. 그는 내면에 잠재되어 있는 가능성을 현실 세계에서 펼쳐 나갑니다.

상상이라는 것은 현실과 대척점에 있습니다. 현실은 상상이 아니며, 상상 역시 현실이 아닙니다. 상상은 아직 도래하지 않은 것이죠. 즉, 상상력이 풍부한 사람은 아직 오지 않은 무엇인가를 꿈꿀 수 있는 사람입니다. 그리고 내가 갖는 상상은 내가 현실을 이룰 방향을 구축합니다. 지금 생각해봅시다. 나는 미래에 어떤 모습이 될 것을 상상하고 있나요?

더 나은 삶을 위해 우리는 날마다 삶을 살아갑니다. 그런 의미에서 삶은 하나의 가능성입니다. 상상을 실현하는 장은 지금 내가 숨을 쉬고 있는 여기입니다. 우리의 세계는 이미 다 이뤄진 곳이 아니라 아직도 이뤄지고 있습니다. 그것은 실현된 것이 아니라 언제나 실현될 장인 거죠. 지금도 잠재력으로 가득한 장, 그것이 바로 삶입니다.

그렇다면 이제 나는 그 욕구를 생생하게 이미지로 떠올릴 수 있습니다. 지금 나에게 여러 욕구가 있다고 해봅시다. 만약 스트레스를 받아 조금 쉬려고 합니다. 두 가지의 욕구가 싸우기 시작합니다. 원래 그랬듯 누워서 스마트폰 하기, 건강을 위해 산책을 하기. 어떤 것을 선택할지는 어떤 것을 더 강렬히 떠올리는지에 따라 다를 것입니다. 그럼 떠오르는 생각을 적어보기를 바랍니다. 그리고 그 생각을 구체화해봅니다. 그 상상력의 세계에서 나의 역할이 무엇인지를 상상해보는 거죠. 그곳에 누가 있을지, 그곳에서 어떤 것을 할지를 그려봅니다. 상상력이 구체화될 때 그것은 내 삶의 '목적'이 됩니다. 이상향이 되는 것입니다.

기적 질문, 새로운 것으로 나아가게 하다

상담적 개입에는 '기적 질문'이라는 것이 있습니다. 내담자가 문제가 해결되었을 때 긍정적인 상황을 구체적이고 명료하게 볼 수 있도록 도와주는 질문인데요. 새로운 것을 상상하는 데 탁월한 질문 기법입니다.

"만일 기적이 일어난다면 삶이 어떻게 바뀔 것이라고 생각하나요?"라는 질문을 던집니다. 이러한 기적 질문을 통해 내담자는 만족스러운 미래의 모습을 상상합니다.

기적 질문은 심리치료사이자 해결중심치료의 창시자, 스티브 드세이저Steve de Shazer, 1940~2005가 성취 가능한 목표를 설정할 능력이 없는 내담자를 상대로 처음으로 활용하기 시작한 심리치료 기법입니다.

그는 내담자에게 문제가 사라졌을 때 자신의 생활이 어떻게 될지 상상해보는 것의 효과를 발견하게 되었고, 그 후로 기적 질문은 해결중심적 치료자들에게 매우 유용한 도구가 되었습니다.

예를 들어보겠습니다. 내가 지금까지 살아왔던 것이 모두 꿈이었습니다. 나는 식은땀을 흘리고 침대에서 벌떡 일어나 말을 합니다. "깜짝 놀랐어, 완전히 악몽이었네"라고 말이죠. 그런데 지금 일어나보니 지금의 나는 내가 생각하는 모든 것을 다 이룬 최상의 상태입니다. 그리고 이러한 최상의 상태는 최악의 상태일 때 더욱 빛을 발휘합니다.

제가 만난 심한 도박 중독에 빠진 한 이십대 초반의 청년을 이야기해보겠습니다. 알코올 중독에 빠져 집을 풍비박산을 내고 폭력까지 행사하는 아버지와의 갈등으로 그의 부모는 그가 십대 때 이혼을 하고 말았습니다. 그는 홀어머니와 동생과 살고 있었지만 그 시점부터 게임에 심하게 중독되기 시작했고 성인이 되고 나서부터는 도박에 빠졌습니다. 처음엔 작은 내기부터 시작했지만, 점차 판돈이 커졌습니다. 그는 큰 빚을 졌고 그때마다 어머니가 없는 살림에 그 돈을 갚아주었습니다. 그렇게 하다가 저를 만나게 된 것이죠.

그는 대화 중에 계속해서 돈에 관련된 이야기에 집착하는 모습을 보였습니다. 몇만 원에서 몇십만 원을 버는 이야기들이었습니다. 어떻게 해야 그 돈을 벌 수 있는지에 대해서만 몰두하고 있는 그에게 저는 이런 질문을 했습니다.

"그 돈을 모아서 얼마까지 벌면 만족할까요?"

그는 3천만 원가량을 언급했습니다. 그 돈은 정확히 그의 어머니가 대신 갚아준 돈이었습니다. 그 돈이 생기면 어떤 것을 하려고 하는지 물어보았습니다. 그는 그 돈으로 어머니께서 대출로 받은 금액을 갚고 싶다고 이야기했습니다. 그 이야기 도중에 그는 눈시울이 붉어졌습니다. 어머니에 대한 미안함과 죄책감이 들었던 것입니다. 많은 사람이 그를 구제불능의 중독자라고 비난했습니다. 어머니가 그렇게 힘들게 번 돈을 날리다니 정신이 나갔다고 손가락질했던 사람도 있었습니다. 그러나 그가 십대 때 그렇게 게임 중독에 빠지게 된 이유는 부모가 이혼하는 과정에서 경험한 불안 때문이었습니다. 하지만 그가 누군가를 돌보는 욕구만 가지고 있던 것은 아니었습니다. 그는 실제로도 자신의 영향력을 확장하고 싶어 하기도 했습니다. 그는 무엇을 꿈꾸고 있는 것일까요?

보통 작은 것들을 갖고 고민을 할 때 기적 질문은 큰 것을 상상하게 도와줍니다. 저는 그 사람에게 3천만 원을 벌어 어머니께 갚고 나서는 또 얼만큼의 돈을 벌고 싶은지를 물어보았습니다. 그는 계속적으로 돈을 이야기했던 터라 그러한 이야기에 흥미를 가졌습니다. 그는 한참을 고민하다가 50억을 말했습니다.

그래서 저는 그 50억을 언제까지 벌 것이냐고 물어보았습니다. 그러니 서른세 살이라고 합니다. 이제 스무 살을 갓 넘긴 이가 삼십대 초반을 이야기합니다. 10년 뒤를 상상한 것이죠. 그가 하는 작은 판돈으로 백만 원이나 정말 운이 좋다면 천만 원은 벌 수 있을지 모릅니다. 그러나 지금처럼 도박을 해서 50억을 버는 것은 어렵겠죠. 저는 그런 이야기를 하지 않았지만 그는 그 돈을 벌기 위해서는 지금처럼 살아서는 불가능하다는 것을 서서히 깨닫게 되었습니다. 큰 꿈을 이루기 위해서는 지금의 행동이 달라져야 한다는 것 말입니다. 이것이 기적 질문의 묘미입니다. 저는 다음의 질문을 했습니다.

> "좋아요. 지금이 서른세 살이라고 해보는 거예요. 그리고 50억의 재산이 있다고 가정해봅니다. 지금 어떤 모습일 것 같나요?"

이렇게 어떤 역할을 해서 그 많은 돈을 벌었을지를 물어보았습니다. 어떤 사람들과 함께 하고 싶은지도 물어보았습니다. 그는 새로운 생각을 하기 시작했습니다. IT 기술직을 떠올렸습니다. 예전에 게임에 빠져 있을 때부터 해왔던 생각입니다. 그는 실제로 기계와 기술에 관심이 많았습니다. 그리고 그는 자신의 회사를 설립할 것이라고 했습니다. 게임을 만들고 싶다는 것이었는데요. 힐링게임을 만들고 싶다는 이야기를 꺼냈습니다.

저는 그에게 떠오른 단어가 두 개가 있다고 했습니다. 하나는 '모험가'이고 또 하나는 '승부사'라는 단어였습니다. 그는 도박 중독자가 아니라 '모험가'이자 '승부사'가 되기로 작정합니다. 그 모습이 되기 위해 첫 번째로 할 일이 무엇인지 물어보자 오늘 상담을 마치고 나면 돌아가는 길에 당장 서점에 가서 책을 살펴볼 것이라고 말합니다. 대학에 들어가고 싶다는 마음이 들었던 것입니다. 입시 요강에 관련된 분야부터 문제집까지 그는 정말 그것을 샀습니다. 게다가 가정 형편이 어려울 때 어떻게 대학에 들어갈 수 있는지 알아보고 유리한 입학 전형을 살펴보았습니다.

그는 중독자가 아니라 모험가였습니다. 새로운 길에 들어선 그는 무엇인가를 향해 도전을 하게 되었습니다. 승부사이기도 한 그는 좀 더 선한 것에 자신의 삶을 배팅하게 됩니다. 그리고 그의 똑똑한 재능이 빛을 발휘합니다. 그는 실제로도 매우 영특한 학생이었습니다. 새롭고 긍정적인 것에 깊게 빠져들어 구체적으로 상상할 때 그의 발걸음의 방향은 바뀌기 시작했던 것이죠.

기적 질문을 활용한 다음의 질문을 던져보겠습니다.

　　나는 어떤 것을 꿈꾸고 있나요?
　　그것을 이룬 나는 어떤 모습을 하고 있나요?
　　그때가 언제인가요?

나는 어떤 역할을 하고 있을까요?

누구와 함께 살고 있나요?

그 사람으로부터 어떤 이야기를 듣고 있나요?

어떤 것을 첫 번째로 할 것인가요?

이런 질문을 통해 최상의 것을 생각해보는 것입니다. 삶은 거대한 하나의 이미지, 우리의 목적이자 이상향입니다. 작은 것이 아니라 큰 것을 상상해보는 것입니다. 그리고 매우 큰 것을 구체적으로 상상한 뒤에 우리는 현실로 돌아올 수 있습니다. 우리는 거대한 상상력의 세계를 잘게 쪼개기 시작합니다. 꿈은 우리 삶의 목적입니다. 그리고 그 목적을 이루기 위해서는 계획이 필요합니다. 그리고 목표를 10등분하면 계획이 됩니다. 100등분 해도 계획이 되고요. 만약 우리가 50억을 꿈꾼다면, 그것을 등분하다 보면 우리가 당장 해볼 수 있는 작은 금액과 행동이 나옵니다. 목적이 천 개의 계단 위에 있다면 계단 하나부터 오르는 것입니다. 그것을 세우는 것이 계획이며, 한 계단을 오르는 것이 실행입니다. 우리는 그것을 이제 잘게 쪼갤 수 있습니다.

큰 상상력의 세계를 작은 상상력으로 쪼갭니다. 이를테면 1년으로, 6개월로, 1개월로, 1주일로, 내일로, 그리고 오늘로 말이죠. 오늘 전체를 내가 통제할 수 없다면 2시간은 어떠한가요? 아니라면 1시간도 좋습니다. 바로 그 시간이 내가 통제할 수 있는 시간입니다. 상상은 그 시간에 기대어 열매를 맺게 됩니다. 내가 꿈꾸던 것을 조금씩 눈으로 목격할 수 있게 만듭니다.

눈앞에 해야 할 일이 있다면, 의무감과 의지력으로 억지로 하기보다는 그것을 함으로써 내게 득이 되는 것이 무엇인지를 떠올려보는 것입니다.

상상이란 이미지입니다. 그 이미지는 외부에 있는 것이 아니라 우리 내면에 알알이 박혀 있습니다. 내가 무엇을 바라보든 내가 보는 별들은 내 가슴 안에 숨겨져 있습니다. 다음과 같은 질문을 던져봅니다.

> 무엇을 그리고 있는가?
> 무엇을 이루려고 하는가?
> 어떤 꿈을 가지고 있는가?

나에게 주어진 질문

 가장 중요한 질문을 던져보겠습니다. 절대로 포기하지 못하는 나만의 가치가 무엇인지 질문해봅니다. 내 인생에서 가장 소중한 일, 나에게 가장 소중한 가치, 내 삶에서 절대로 포기하지 못하는 가치에 대해서 말이죠. 너무나 고통스럽고 굉장히 괴로웠는데도 불구하고, 나를 지금까지 지탱하게 만든 힘이 무엇일지, 절대 포기하지 않는 것은 무엇인지를 알아보기 위해 이 질문을 던져보기를 바랍니다.

> "나에게 가장 소중한 사람은 누구인가요? 그 사람과 하고 싶은 것은 무엇인가요? 그 의미와 이유는 무엇인가요?"

 무엇인가를 강렬히 상상한다는 것은 그만큼 그것이 나에게 중요하기 때문입니다. 내가 만약 작곡가가 되기를 바란다면, 그것은 나의 존재와 연결되어 있습니다. 이럴 때 어떤 작곡가가 될지를 구체적으로 상상해봐야 합니다. 그런 점에서 내가 무엇인가를 상상한다는 것은 나의 삶의 방향이 됩니다. 내가 만약 고등학교 학생임에도 음악가가 되기를 꿈꾼다고 하면, 여전히 학생이지만 작곡가가 되어 있는 상태이기도 합니다. 현재의 나는 학생이지만 미래의 나는 작곡가가 되어 있는 것이죠. 내가 작곡과 관련된 공부를 하는 모든 행동의 총합은 작곡가가 되기 위해서입니다. 억지로 누군가가 시켜서 흘러가는 대로 작곡 공부를 하고 있는 사람과 내가 실제로 작곡가가 되기 위해 그 공부를 하고 있는 사람의 차이는 시간이 지날수록 엄청나게 벌어지겠죠. 몰입과 집념 역시 거대한 재능입니다.

내가 그것을 강렬하게 원하고 상상할수록 나는 점차 작곡가에 가까워지기 시작합니다. 작곡가처럼 사고하고 작곡가처럼 옷을 입으며, 작곡가처럼 대화합니다.

지금까지 상상력의 위대함을 이야기했지만 상상력이 완전해지려면 하나의 요소가 더 필요합니다. 상상력은 두 축 중에 하나입니다. 상상력만 가지고는 주어진 삶을 걷기 충분하지 않습니다. 상상력은 가상이요, 삶은 실제이기 때문입니다.

그렇다면 삶의 나머지 한 축은 무엇인가요? 그것은 현실입니다. 현실은 형체가 있습니다. 그리고 우리는 고통 속에서 피어나는 열매가 무엇인지 꼭 살펴볼 필요가 있습니다.

5강

좌절 마음 근력

고통을 통과할 때 단단해지는 내면의 힘

5강

두 다리로 굳건히 일어서는 삶

 무엇인가를 상상하는 것은 위대한 일입니다. 자신이 아직 이루지도 않은 것을 선명하게 그려내는 능력은 인간이 가지고 있는 특별한 능력이기 때문입니다. 삶의 방향성에서 무엇을 상상하는지는 우리 삶의 나침반이 됩니다. 그러나 방향을 설정했다고 하더라도 그것을 걸어나가야 하는 과정이 남아 있습니다. 그것이 삶입니다. 상상을 하는 것에는 어떤 대가를 치르지 않지만 현실은 쓰죠. 현실을 살아가는 데는 한 땀, 한 땀의 노력이 들어갑니다.

 우리가 소파에 앉아 권투 경기를 본다고 생각해봅니다. 그런데 보는 것과 실제로 권투선수가 되어 링에 올라가는 것은 전혀 다릅니다. 우리는 TV를 보면서 여러 훈수를 둘 수 있겠지만, 막상 우리가 링에 올라가게 되면 머리는 새하얗게 변합니다.

미국의 전설적인 복서인 마이크 타이슨은 1987년 타이렐 빅스와의 경기를 앞두고 기자가 전략에 대해 묻자 다음과 같이 답을 했습니다. "누구나 그럴싸한 계획을 가지고 있어요, 맞기 전까지는요(Everyone has a plan. Until they get punched in the mouth)." 삶을 실제로 살아가는 것은 TV를 보는 것이 아니라 링에 올라가는 것입니다. 가장 어리석은 행동은 다른 사람의 인생을 쉽게 재단하고 평가하거나 섣부르게 훈수를 두는 것입니다. 그 인생을 지켜보는 것과 살아보는 것은 아예 다른 이야기입니다.

누구든 살아왔던 맥락과 발자국엔 각자의 사정과 깊이를 가지고 있습니다. 모든 사람에게 주어진 숙명입니다. 인생엔 즐겁고 행복한 순간이 있지만 그 시간보다 고통과 인내의 시간이 훨씬 깁니다.

고통은 태어난 순간, 생애 초기에서부터 존재했습니다. 우리는 고통을 경험하면서 세상에 태어납니다. 우리가 세상을 향해 나가려고 한 것이 아니라 세상이 우리를 불렀습니다. 아이가 세상 밖으로 내던져진 것이죠.

하버드대학의 심리학자였던 헨리 머레이Henry Murray, 1893~1988는 인간은 태어날 때부터 폐소 콤플렉스Claustral Complex가 있다고 했습니다. 폐소 콤플렉스란 안전하고 격리되며 어두운 장소를 찾는 경향성을 의미합니다. 우리 모두는 태아에서 출발했기에, 어떤 위협이나 불안한 순간이 찾아오면 자궁 내에서 경험했던 안전하고 따뜻한 환경을 찾으려는 무의식적 욕구가 있다는 것입니다. 성장한다고 해도 우리 안에는 여전히 아이가 있습니다. 여전히 성인이면서도 아이입니다. 외부를 향해 외향적이고 진취적 이미지를 가지려 애쓰면서도 우리 내면에는 혼자만의 공간, 의존성, 수동성에 대한 강한 욕망이 자리 잡고 있습니다. 처음부터 안전한 자궁 안에서 홀로 있었기 때문입니다.

이처럼 우리는 혼자만의 공간에서 태어났고 철저히 의존적인 채로 태어났습니다. 그것은 우리의 존재를 규정하는 원초적인 특징입니다. 어떤 누구도 태어난 갓난아기에게 무엇인가를 요구하지는 않습니다. 적극적으로 사고하라는 말을 하지 않습니다. 그저 필요한 것을 공급해줄 뿐입니다. 자궁 안에 있을 때처럼 안락하지는 않겠지만 여전히 아이는 돌봄을 받습니다. 그러나 자란다는 것은 서서히 자신의 삶을 헤쳐나가야 한다는 것을 의미합니다.

그 상징적 행동이 걸음마입니다. 아이는 결국 두 다리로 서야 합니다. 넘어지고 또 넘어집니다. 주어진 삶을 살아가기 위해 어떻게든 아이는 애를 씁니다. 그렇게 엉금엉금 기던 존재가 두 다리로 서게 됩니다. 많이 넘어질수록 아이는 더 잘 걸을 수 있을 것입니다. 앞으로도 아이는 넘어지는 만큼 단단해질 것이고요. 인생에서의 책임감과 성취를 얻는 과정은 바로 수많은 실패와 좌절에서 이뤄집니다.

삶, 끊임없이 무엇인가를 이루어나가다

앞서 이야기한 상상력은 현실로 발현되지 않고 상상력 그 자체로 존재하려고만 하면 공상이나 망상이 됩니다. 삶은 결국 두 다리로 서서 버텨내는 것이죠. 상상력은 현실로 구현되어야 하고 그 중간다리의 이름은 '고통의 지난한 과정'입니다.
 우리는 하루에도 여러 생각을 하면서 삽니다. 그중 대부분은 긍정적인 주제보다는 부정적인 주제가 많죠. 미래에 대한 막연한 불안이나 과거에 대한 후회를 포함해서요. 쉴도 없이 삶을 파고들며 우리의 생각과 감정을 괴롭힐 때가 많습니다.
 우리는 많은 것을 갈망합니다. 더 높은 곳을 바라보죠. 그런데 많은 것들을 가지고 있으면 삶의 고통으로부터 해방될 수 있을까요? 아쉽게도 그렇지 않습니다. 소나타를 타다가 그랜저를 타면 기분이 좋습니다. 차는 왜 이렇게 넓고 안락한지 천군만마를 얻은 느낌입니다. 그러나 6개월만 지나면 그것을 탄다는 것에 아무런 기쁨도 느끼지 못합니다. 우리의 뇌가 그러한 환경에 적응을 해버렸기 때문입니다. 오히려 도로엔 온통 제네시스 천국입니다. 몇 개월 전의 기쁨은 모종의 상대적 박탈감으로 전환됩니다. 우리가 가지고 있는 모든 것은 일시적입니다. 이것은 삶의 전체 과정에서 끊임없이 공전되면서 인간을 괴롭게 합니다. 무엇인가를 더 소유하지 못해 괴롭고 고통이 찾아올까 봐 두렵습니다.

무엇인가를 이룬다는 것은 어려운 일입니다. 상상은 우리의 방향성을 나타내지만 결국 그 발걸음을 옮겨야 하는 사람은 바로 나 자신입니다.

다이어리에 "이번 연도에 나는 원어민처럼 영어를 할 거야"라고 적는 것은 쉽습니다. 그리고 뿌듯한 마음이 들죠. 어떤 면에서는 적는 것만으로도 그 목표를 이룰 것 같은 작은 희망의 불씨가 생깁니다. 그래서 내일부터는 1시간 일찍 일어나 열심히 영어 공부를 할 거라는 다짐을 합니다. 내일 정말 그런 일이 일어날 것 같습니다. 그러나 실제로 내일이 되면 무수한 것들과 싸워야 합니다. 1시간이나 일찍 일어난다니. 게다가 맛있는 것을 먹으려고 하는 것도 아니고 책상에 앉아서 이해도 안 되는 낯선 문자를 배워야 한다니. 어려움이 곳곳에 놓여 있습니다.

동화 『잠자는 숲속의 공주』엔 탑에 갇혀 잠들어버린 공주를 구하려는 한 용감한 왕자가 있습니다. 그 왕자는 용감하게 탑을 향해 돌진합니다. 그러나 귀중한 것을 얻기 위해선 반드시 난관을 넘어야 합니다. 그 난관은 바로 탑의 입구에 있는 사악한 용. 왕자는 소중한 것을 구하기 위해 생명을 걸고 그 용과 싸워야 합니다. 위대한 소설가인 J. R. R. 톨킨 John Ronald Reuel Tolkien, 1892~1973이 쓴 소설인 『호빗』엔 어마어마한 황금으로 가득 찬 장소가 나옵니다. 그러나 그 황금을 가지러 갈 수 없는 까닭이 있습니다. 가장 진귀한 황금을 끌어안고 그것을 지키는 탐욕스러운 스마우그라는 용이 있기 때문입니다. 그에게서 금전 하나라도 가져가려면 목숨을 걸어야 합니다.

작은 것을 얻기 위해서는 대가를 치러야 한다는 것은 동화 속의 진실만이 아닙니다. 우리의 현실이 그것을 방증하죠. 직장인이 월급을 받을 수 있는 까닭은 그 자리에서 최선을 다했기 때문입니다. 어떤 사람이 원하는 대학에 합격한 이유는 그

동안에 수많은 시간 동안 책과 씨름하고 밤잠을 설쳐왔던 과정이 있었기 때문입니다. 지금 어떤 것을 하고 있든, 그것을 해나가는 것은 결코 만만한 일이 아닙니다.

부모라면 늘 해야 하는 것이 있습니다. 아이를 책임지는 일이죠. 혼자의 삶도 버거운데 여러 사람의 삶을 함께 살아내야 합니다. 노벨 경제학상 수상자인 대니얼 카너먼Daniel Kahneman, 1934~2024은 사람들에게 하루에 일상적인 활동을 평가해보도록 요구했습니다. 설거지를 하고 청소를 하는 것은 일상이지만 그리 즐거운 활동이 아닙니다. 밤새 울고 있는 아이를 재우는 것도 결코 재미있는 일이 아닙니다. 실제 연구에서는 양육은 쾌락에 가깝기보다는 오히려 불쾌한 일에 속하고 있었다고 합니다. 글을 쓰는 작가는 날마다 한 자, 한 자 글과의 씨름에서 싸워나가야 합니다. 학생이라면 매일 아침 일어나서 학교를 가야 합니다. 그리고 오늘 해야 할 일을 어떻게든 해내려고 애씁니다. 삶은 결코 쉽지 않습니다.

고통이 우리에게 가르쳐주는 것

그럼에도 우리는 희망을 갖고 앞으로 나아가고 있습니다.

우리가 그 자리에 있고, 고통을 견디는 이유는 고통이 고통으로만 끝나지 않는다는 것을 알고 있기 때문입니다. 고통은 반드시 과실을 가져다줍니다. 그것은 과연 어떤 의미일까요?

어느 날 저는 삶의 의미를 잃어버렸다고 이야기하는 내담자를 만납니다. 그리고 그 사람의 억압된 것들을 걷어내기 시작하고, 그 사람이 좋아하는 것이 무엇인지 계속적으로 탐구합니다. 어떤 경우엔 20번의 만남 중 16번까지도 그 사람이 가장 좋아하는 이상향과 꿈, 원하는 것을 찾는 경우도 있습니다. 16번 동안 그 작업을 한다는 것은 엄청난 시간인데, 보통 만남의 주기는 1주일에 한 번이므로 4개월의 시간에 해당됩니다. 오랫동안 꿈을 잃어버린 사람의 이상향을 찾아내는 작업은 결코 만만한 일이 아닌 거죠. 16번의 세션도 중요하지만 그 사람이 진정으로 변모하려면 나머지 세션도 중요합니다. 그것은 바로 그 사람이 실제 처한 현실을 마주하는 과정입니다.

어떤 분들은 상담을 그냥 대화로 생각하기도 합니다. 하지만 의외로 상담은 매우 과학적인 영역입니다. 보통 접수면접을 한 이후 그 사람의 호소 문제와 촉발 요인 등을 면밀히 살펴봅니다. 그리고 그 사람에 걸맞은 심리검사 세트가 조합되죠. 이 검사엔 성격검사, 인성검사, 심리검사, 발달검사, 지능검사 등 여러 주제의 검사가 있습니다. 게다가 이 검사엔 객관식 검사와 투사적 검사가 있는데, 객관식 검사는 항목에 따라 자신이 해당하는 것을 체크하는 것입니다. 투사 검사에서는 무엇인가를 그리기도 하고 작성하기도 하며 어떤 사진이나 반점을 보고 자신의 의견이나 생각을 말하기도 합니다. 그리고 상담자는 이 모든 과정을 주의 깊게 숙고하며 추가 질문을 합니다.

검사를 모두 종합한 뒤엔 그 결과를 해석하는 세션이 있습니다. 그 이후엔 증상에 따른 개입이 이루어집니다. 예를 들어 우울한 증상을 가지고 있을 땐 우울을 일으키는 생각을 교정하는 치료가 있습니다. 회피하고 있는 고통스러운 감정을 안전한 환경에서 알아차리고 접촉하며 다루는 접근도 있습니다. 이러한 심리적 고통뿐만 아니라 좀 더 긍정적 주제를 논하고 싶다고 해도 마찬가지입니다. 예를 들어, 좋아하는 것을 찾는다고 했을 땐 그것이 무엇인지를 파악할 수 있는 구조화된 질문지가 있습니다. 이 질문지를 통해 어떻게 효과적으로 답을 추출해나가는지는 상담자의 역량입니다. 짧은 시간 동안 스스로가 누구이고 무엇에 재능이 있으며 어떤 심리적 강점과 자원이 있는지를 볼 수 있죠.

그러나 여기까지는 밑그림에 불과합니다. 지금까지는 과학적 토대이자 객관적인 방식이 주를 이뤘다면 이제 나의 주관성을 탐색하는 시간이 이루어집니다. 상담자가 정말 숙련된 사람인지를 볼 수 있는 지점이 바로 여기입니다.

저는 오랫동안 학생들에게 여러 심리검사를 가르쳤지만 이 전까지의 과정은 열심히만 하면 그럭저럭 잘 해나갑니다. 구조화된 질문지도 마찬가지입니다. 그러나 주관성을 탐색하는 과정은 혹독한 수련 과정을 거쳐야 합니다. 실제로 많은 상담자들은 석·박사 과정을 이수하며 다양한 연구 프로젝트를 하지만 그와 동시에 임상 과정의 수련을 따로 하고 있습니다. 그만큼 누군가를 이해하는 데는 많은 주의와 훈련이 필요한 거죠.

주관성을 묻는다는 것은 경험을 탐구한다는 것입니다. 경험을 탐구한다는 것은 그 경험을 통해 무엇을 느꼈으며 무엇을 깨달았는지를 묻는다는 것이죠. 경험이란 과거입니다. 깊은 과거의 경험을 하나씩 정리하고 차곡차곡 쌓아나가는 토대에서 그 사람은 깊은 감동을 받습니다. 잃어버렸던 기억이 새록새록 떠오르기도 하고 자신의 숨겨진 역량과 재능을 깨닫기도 합니다.

처음엔 작게 시작합니다. 세션에서는 작은 것을 찾아내보고 그것을 그려보게 하면서요. 그리고 과제로 그 생각을 경험할 수 있도록 합니다. 가령, 떡볶이를 좋아한다면 정말 좋아하는 떡볶이 맛집을 찾아서 먹어보는 것을 과제로 합니다. 자신이 회화를 그리고 싶다면 작은 공방에서 하는 세션에 참여해보기도 합니다. 자신이 어떤 낡은 집에 대한 생생한 꿈을 꿨다면 그곳의 의미를 물어보고 그 현장을 가볼 수 있도록 합니다. 이처럼 작은 것을 상상해보고 경험해보면 어떤 것은 자신의 생각보다 별로 재미도 없고, 어떤 것은 재미있고 재능도 보입니다. 그럼 후자 쪽의 경험을 좀 더 폭넓게 하기도 하고 깊게 탐구하는 형식을 취하면서 세션을 진행합니다. 그러한 경험의 토대를 굳건히 하면서 그 사람은 자신의 꿈이 무엇인지를 생각하게 됩니다. 물론 맛집에 다녀오고 작은 공방에 다녀온다는 것 자체가 꿈을 실현하는 것은 아닙니다. 중요한 것은 내가 강렬히 원하는 방향성을 찾아가는 것입니다. 작게라도 무엇인가를 경험해야 자신의 방향성을 점검할 수 있습니다.

상상력과 고통이 만나는 지점에서

그러면 이제 해야 할 일이 있습니다. 바로 현실을 보는 것이죠. 현실은 어떠한가요? 온통 혼돈으로 가득 차 있습니다. 여전히 빚은 있고 집 안은 어질러져 있습니다. 그리고 나는 그대로입니다. 이 과정에서 나타나는 핵심적인 표상이 고통을 통과하는 나의 모습입니다. 고통 속에서 얻은 경험은 매우 생생합니다. 죽을 것 같은 괴로움 속에서 얻은 통찰은 선명한 꿈과 목표로 살아납니다.

우리는 단번에 백 개의 계단을 올라갈 수 없습니다. 삶은 한 계단씩을 걷는 과정입니다. 저는 상담을 통해 내담자와 얼마만큼의 계단을 오릅니다. 그리고 충분히 그 사람이 오를 만한 추진력이 생겼다고 할 때쯤 상담을 종결합니다.

고통을 또렷하게 경험하면 그 안에 해결해야 할 과제들이 눈에 들어옵니다. 그리고 더 큰 선을 위해서는 반드시 작은 고통을 견뎌내야 합니다. 첫 번째 계단을 올라가야 두 번째 계단도 가능합니다. 한 계단, 한 계단을 쌓아가는 것은 목적을 향한 발걸음이기에 고통스러운 동시에 보람된 일입니다. 이렇게 앞서 언급했던 상상력과 고통이라는 현실은 의미라는 물줄기에서 만나게 됩니다.

저는 어느 분야에서 매우 뛰어난 역량을 선보이는 사람들을 만날 때가 있습니다. 그들을 세심하게 보다 보면 하나의 공통점이 있는데, 어느 분야의 정점에 올라간 사람은 삶의 치

열함 안에 분명한 문제의식이 있다는 것입니다.

"어떻게 이게 되는 거지?", "이 일의 핵심이 무엇이지?", "대체 무엇이 잘못된 거지?"라는 처절한 경험에서 얻은 문제의식이 있어야 "어떻게 하면 좀 더 나은 방법을 모색할 수 있을까?"라는 변화의 씨앗을 심을 수 있습니다. 고통은 현재 당면하고 있는 현실을 생생하게 보여줍니다. 이것이 고통이라는 현실이 주는 유익입니다. 우리는 고통을 명료하게 볼 때만 그것과 맞서 싸울 수 있습니다. 그리고 그 안에서 좀 더 나은 선택을 할 수 있습니다.

바닥을 친다는 것은 다시, 시작점이다

어릴 적 마을 근처 작은 댐이 위치한 곳에서 물놀이를 즐겨 했습니다. 몇 년을 했기에 그 물길은 훤하게 알고 있을 정도였죠. 그런데 초등학교 6학년 무렵이었을까요. 예상치 못한 일이 일어났습니다.

어느 날 아침, 덥기도 하고 수영도 하고 싶어서 집에서 그리 멀리 떨어져 있지 않은 물가로 내려갔습니다. 그곳엔 언제나 수심이 깊다는 경고문이 쓰여 있었습니다. 저는 몇 년 동안이나 봤던 그 경고문을 대수롭지 않게 생각했습니다. 그리고 곧장 물로 뛰어들어 물속을 걸어가기 시작했습니다. 그곳은 서서히 깊어지는 곳이기 때문에 얼마만큼은 걸어갈 동안 물이 얕다는 것을 알고 있었습니다.

그러나 몇 발을 걷다가 갑자기 깊은 물에 빠져버렸습니다. 물의 깊이는 제 키를 훌쩍 넘었습니다. 그러나 정말 위기는 그곳이 단지 물이 깊다는 것이 아니었습니다. 제 발이 땅이 아닌 진흙과 같은 수렁에 빠져버린 것입니다. 그때는 몰랐는데 수영을 잘하던 사람이 익사한 일이 꽤 있다고 했습니다.

그땐 알 수가 없었습니다. 당황한 나머지 허우적거렸고, 진흙덩어리의 압력은 제 발을 강하게 붙들어 절대로 놓아주지 않았습니다. 위로 올라가려고 발버둥칠수록 더 단단히 붙잡히는 것 같았습니다. 코로 물이 들어오기 시작했고 폐에서도 물이 들어오면서 작열감과 비슷한 느낌이 들었습니다. 점차 정신이 혼미하고 아득해졌습니다.

기적이었을까요? 허우적거리는 행동 속에서 하나의 생각이 떠올랐습니다. 슬리퍼를 신고 왔다는 생각이 든 거죠. 그때부터 위로 올라가려는 행동을 멈췄습니다. 오히려 물 밑으로 들어가기 위해 허리를 숙였습니다. 몸은 외부를 향하지 않고 물의 심연을 향했습니다. 그리고 두 손으로 왼쪽 발목 주위에 있는 흙을 파헤치기 시작했습니다. 슬리퍼의 감각이 손가락에 느껴지기 시작했고, 슬리퍼를 지렛대 삼아 발을 차례로 빼내었습니다. 그리고 물 위로 올라왔습니다. 그때 하늘이 보였습니다. 아, 매우 파랗고 평온했습니다. 죽음에서 삶으로 넘어온 순간이었습니다.

찰나에 이루어진 순간의 선택이 죽음에서 삶으로 생명을 옮겨주었습니다. 우리 삶에서 특히 칠흑 같이 어두운 영혼의 밤이 몰려오는 시기가 있습니다. 그럭저럭 버틸 때가 있는 반면, 겨울처럼 혹독한 시기가 있습니다. 어느 경우엔 우리 발목이 사악한 것들에 붙들려 도저히 움직여지지 않을 수도 있습니다. 이 사악한 것들은 실패와 좌절, 상실, 절망과 우울, 불안입니다. 그럴 때 우리는 내면에서 올라오는 엄청난 공포에 사로잡힙니다.

그러나 고통을 직시하지 않고는 그곳에서 빠져나올 수 없습니다. 고통으로부터 도망칠 때 잠시 동안은 위안을 받을지도 모르나 고통은 그림자처럼 우리를 따라옵니다. 그래서 우리는 고통을 직시해야 합니다. 해결의 실마리는 바로 내가 가장 고통스러워하는 그곳에 있습니다. 나를 붙들고 있는 발목, 그 진흙더미로 하강해야 합니다.

우리는 무엇인가를 강렬히 원하고 상상하는 동시에 자신이 지금 어디에 서 있는지를 명확히 볼 수 있어야 합니다. 그곳은 내가 발을 딛고 있는 현실입니다. 내가 만약 현실의 수렁에 빠졌다면 더욱 정신을 똑바로 차리고 하강해서 바닥을 명징하게 봐야 합니다.

지금 내가 있는 현실은 나의 가장 깊은 고통의 산물이며, 동시에 우리를 지렛대로 삼아 다시 박차고 올라올 수 있는 지렛대입니다. 고통은 결과가 아니라 바닥인 동시에 문제를 해결하는 출발점입니다. 그것을 인식하는 순간 우리 인생에서는 새로운 시작점이 형성됩니다.

존재 자체의 의미

의미는 존재의 가장 밑바닥에 있습니다. 왜 우리는 태어났을까요? 그것은 우리 존재 자체가 누군가의 가장 큰 의미였기 때문입니다.

로고테라피의 창시자인 빅터 프랭클 Viktor Frankl, 1905~1997은 2차 세계 대전 당시 유대인 수용소에 끌려갔습니다. 로고테라피 치료법은 "고통이 아무리 크더라도 의미를 찾아낸다면 이겨낼 수 있다"는 메시지가 있습니다. 프랭클은 정신의학자로서 수용소 안에서 사람들의 대처와 반응을 관찰했고, 그 자신 역시 인간다움을 잃지 않기 위해 처절하게 노력했습니다.

  수용소에서 생의 의미를 찾지 못한 사람들은 삶을 쉽게 포기하거나, 완전히 폐인이 되어버렸습니다. 하지만 실낱같은 생존에 대한 희망으로 마지막까지 인간으로서 존엄성을 지키고자 했던 사람들은 결과적으로 생존률이 높았습니다. 빅터 프랭클을 비롯한 일부 수용자들은 배급받은 가짜 커피 한 잔 중 반을 마시고, 나머지 커피로 고양이 세수를 했습니다. 나치 대원들은 그런 사람들은 잘 건드리지 않고, 살아갈 의지를 잃고 짐승과 같은 몰골과 본능만 남아 있는 수용자를 우선 희생시켰습니다. 엉터리 세수라도 하는 사람은 인간의 존엄성을 지키려 했기 때문에 최소한의 인간으로 보였고, 나치 대원들은 인간을 죽임으로써 얻는 죄책감과 심리적 고통에서 벗어나고자 했던 것입니다.

  그는 수용소 안의 극단적으로 참담한 현실 속에서도 의미를 찾을 수 있다고 보았습니다. 이것이 '비극 속에서 피어나는 낙관'입니다. 시련의 상황은 이미 벌어졌습니다. 그러나 이에 대한 자신의 태도는 선택할 수 있습니다. 우리는 높은 이상을 품는 동시에 자신이 마주한 현실을 딛고 어디론가 한 걸음을 뗄 수 있습니다.

고통이 우리에게 가르쳐주는 것이 있습니다. 고통은 우리 인생에서 무엇이 가장 중요하고 소중한지를 보여줍니다. 고통의 정점인 죽음은 어떨까요? 스티브 잡스Steven Paul Jobs, 1955~2011는 스탠포드대학의 졸업식에서 이렇게 연설했습니다.

"곧 죽을 거라는 사실을 기억하는 건 제가 인생에서 중요한 선택을 하는 데 도움이 되는 가장 중요한 도구입니다."

양육이 쾌락보다는 오히려 불쾌에 가깝다는 연구결과를 소개한 바 있습니다. 그렇다면 그것은 행복과는 아주 거리가 먼, 대척점에 있어야 합니다. "아이를 키우는 일? 도대체 왜 그런 힘든 일을 자처해서 하는 거야" 이렇게 말이죠.

그러나 행복은 단순히 쾌락 경험에서 불쾌한 경험을 제외한 나머지가 아닙니다. 행복은 이 모든 것의 총합입니다. 오히려 행복은 고통이라는 지난한 과정 속에서 피어나는 의미의 충만함인 거죠.

그래서 나이 지긋한 내담자들이 삶에서 가장 행복한 일을 꼽으라 하면 아이를 양육하면서 있었던 일을 이야기하는 것을 봅니다. 쾌의 경험으로만은 설명할 수 없는 것들이 있습니다. 고통스럽지만 의미 있는 것들이 있습니다. 그것이 우리를 살리고, 우리의 삶을 의미 있게 만듭니다.

우리는 그것을 명료하게 보는 동시에 괴롭고 무섭지만 발밑에 놓여 있는 고통을 마주해야 합니다. 그리고 고통을 기어이 극복하게 하는 바로 그곳으로 움직여야 합니다. 상상이 달콤하다면 현실은 고통스럽습니다. 그러나 우리가 꿈꾸는 것을 이루게 하는 힘이 있습니다. 고착된 것에서의 움직임, 움츠린 것에서의 일어섬, 수십 번을 넘어졌지만 다시 털고 일어설 수 있는 존재 자체의 힘인 거죠.

다시 말해 현실은 고통으로 가득합니다. 내가 만약 현실에서 지독한 어려움에 빠졌다면 그 고통은 절망처럼 느껴지기도 합니다. 그러나 아무리 심한 지경에 빠졌다고 하더라도 그것은 끝이 아니라 시작입니다. 독일의 철학자인 프리드리히 니체Friedrich Nietzsche, 1844~1900는 나를 죽이지 못한 것은 나를 더 강하게 만든다고 했습니다.

본래 우리는 아무것도 없이 시작했습니다. 원점에서 다시 출발해본다면, 내가 하는 모든 수고와 실행은 모두 플러스가 되는 행동입니다. 그러기 위해서는 그 어려움을 정확하게 목도하는 것이 필요합니다. 제가 고통 속에 있는 내담자와 상담을 할 때 탐색하는 질문들이 있습니다. 그중 열 가지 질문을 해보겠습니다.

1. 이 어려움이 온 이유가 무엇인가?
2. 언제부터 어려움이 내게 닥치기 시작한 건가?
3. 그것은 얼마나 어려운 일인가?
4. 어려움에 빠지게 된 내 실수는 무엇인가?
5. 내가 이 실수를 통해 깨달은 바가 무엇인가?
6. 내가 나이가 아주 많이 들어서 어려움의 이야기를 손자녀에게 이야기한다고 생각해보자. 어떻게 극복했노라고 말할 수 있을까?
7. 나는 어떤 존재이기에 이 고통스러운 과정을 거치면서도 한 걸음을 옮기려고 하는가?
8. 이런 종류의 어려움을 유사하게 극복해냈던 경험이 있다면 무엇인가?
9. 지금 내가 당장 무언가를 해볼 수 있는 시간이 30분 있다면 그 시간 동안 나는 무엇을 할 것인가?
10. 내가 이 일을 할 때 나를 도와줄 수 있는 사람이 있다면 그 사람은 누구인가? 나는 어떤 도움을 요청할 것인가?

내 집이 엉망진창이고 내 마음도 뒤죽박죽이라면 일단 내 발 밑에 있는 쓰레기부터 치우는 것입니다. 고립감이 너무 크다면 밖으로 나가봐야 합니다. 밝은 햇살을 쬐고 나무와 꽃을 봐야 합니다. 숨이 안 쉬어진다면, 그래서 패닉이 몰려온다면 큰 호흡을 해야 합니다. 마음이 위축되기 시작한다면 의도적으로 몸을 크게 뻗어봐야 합니다. 외로움이 크다면 연락처를 보면서 나와 의미 있는 대화를 할 수 있는 사람을 찾아봐야 합니다. 찾는 것으로 만족하는 것이 아니라 내가 먼저 연락을 해봐야 합니다.

작은 어려움을 정확히 볼 수 있을 때 우리는 작은 발걸음을 뗄 수 있습니다. 고통 속의 의미를 창출하는 작은 발걸음을 비로소 '변화'라고 부릅니다.

6강

성공 경험

작은 성공들이 모여 인생의 흐름을 바꾼다

6강

물살을 거슬러 헤쳐나가는 법

 어느 날 TV에서 다큐멘터리를 보는데 연어에 대한 짧은 영상이 나왔습니다. 수만 마리의 연어는 너른 바다에서 그들의 일생을 살다가 산란기가 오자 자신들이 태어난 강을 향해 거슬러 올라가고 있었는데요. 연어는 왜 바다를 거슬러 자신의 고향으로 다시 돌아가는 걸까요? 고향에 대한 향수일까요, 아니면 유전적인 요인일까요? 연어는 특별한 화학 시스템과 감각 시스템의 상호작용 결과로 이것을 해내고 있는 것은 아닐까요?

 연어의 후각 기억이나 유전자 및 호르몬 조절 등에 관련된 다양한 연구가 있지만 이 과정은 명쾌하기보다는 무척이나 복잡다단합니다. 사실 아직까지 왜 연어가 다시 고향에 돌아가는지 정확한 이유를 모릅니다.

중요한 것은 연어는 강에서 태어났고 바다로 나가며, 다시 강으로 회귀한다는 점입니다. 그것은 연어의 종이 가지고 있는 장대한 역사적인 순환 고리입니다. 그 이유가 무엇이든 그것은 연어가 가지고 있는 존재양식인 거죠. 문제는 아주 오래된 그들의 여정이 날이 갈수록 어려워지고 있다는 점입니다. 연어들의 귀향길엔 폭포나 가뭄이 있기도 했습니다. 더욱이 최근엔 인간들이 만든 둑이나 하수구가 기하급수적으로 늘기 시작했고요. 집채만 한 곰들이 그들을 기다리고 있다가 귀향하려던 수천 마리의 연어를 잡아먹기도 했습니다. 그럼에도 연어는 죽음을 무릅쓰고 거센 물살을 올라갑니다. 그들 중 일부는 성공할 것입니다. 그리고 그들은 그곳에 알을 낳아 후손을 보존하고 죽음을 맞이할 것입니다.

저는 수영장이 아니라 강과 개울에서 수영을 배운 터라 물의 생리를 잘 알고 있습니다. 그리고 제가 알고 있는 것 중 하나는 아무리 수영을 잘한다고 하더라도 물살을 거스르는 것은 매우 어렵다는 것입니다. 그러나 연어는 기어코 그 어려운 일을 해냅니다. 그들은 거센 물결을 역행해서 올라갑니다.

저는 연어가 여정을 계속하다가 거대한 콘크리트 벽에 막

히는 것을 본 적이 있습니다. 그들은 어떤 행동을 취할까요? 이 여정을 포기하고 다시 바다로 돌아갈까요? 이때 놀라운 반전이 일어납니다. 연어들은 콘크리트 벽 한 켠에 있는 하수구 구멍으로 도약을 합니다. 포기하지 않고 그 구멍 속으로 들어가려고 하는 것입니다. 수십 번, 수백 번, 연어들은 실패하고 또 실패합니다. 그러나 그중 어떤 물고기는 기어코 하수구 구멍 속으로 들어가고야 맙니다. 이 역동적인 힘은 어디에서 오는 것일까요?

  삶은 거친 물살로 가득합니다. 무엇인가를 하려고 할 때마다 실패를 하는 이유는 우리의 삶 자체가 기본적으로 거친 폭풍, 폭포, 가뭄, 포식자인 곰과 같은 것들로 가득하기 때문입니다. 우리에게 주어진 시간이나 자원은 너무나 협소합니다. 그러한 상황에서 우리에게 필요한 것은 비난과 자기 처벌이 아닌 보상과 자원입니다. 보상과 자원이 강점이 될 때, 이는 좀 더 나은 삶, 의미 있고 가치 있는 삶을 살아가는 데 강력한 촉진제가 됩니다.

성공 경험과 보상

그렇다면 삶이라는 거친 물살을 거슬러 올라가기 위한 하나의 실제적인 자원에 대해 이야기해보려고 합니다. 무엇보다 강력한 보상 말이죠.

우리는 어떤 일을 할 때에도 보상을 바랍니다. 우리가 직장 생활을 하는 근본적인 이유는 일하는 대가를 받기 때문입니다. 누군가가 열심히 학원을 다니는 이유는 그런 노력이 나중에 커리어에 도움이 되기 때문입니다. 이는 작은 일에도 어김없이 적용됩니다. 이를테면 자녀에게 슈퍼에 다녀오라는 심부름을 부탁하면 아이가 자신이 먹을 작은 초콜릿을 함께 사도 되는지 물어봅니다. 우리는 어떤 행동을 하면서 보상을 바랍니다.

어느 날 누군가에게 정성 어린 편지를 썼는데, 답장이 없으면 속상합니다. 보너스를 준다고 해서 열심히 일했는데 월급날이 되자 회사에서 말을 바꾸면 화가 치밀어 오릅니다. 무엇인가를 바라고 있었는데, 받지 못했기 때문입니다.

보상엔 크게 두 가지가 있습니다. 첫 번째는 돈과 선물, 승진과 같은 외적 보상이며, 두 번째는 보람, 기쁨과 같은 내적 보상입니다. 그것은 남이나 사회를 위한 행동에만 속하지 않습니다. 나를 위한 행동에도 어김없이 이런 보상 체계는 유용한 것이죠. 도약을 위한 작은 행동에도 엄청난 노력과 결심, 의지력이 발동합니다. 보상은 누군가의 행동을 강화하는 데 매우 도움이 됩니다. 아이를 양육할 때 적절한 칭찬은 아이의 긍정적 행동을 불러오는 것처럼 말이죠.

하지만 외적 보상은 자원이 한정적이기에 강력하지만 쉽지 않습니다. 그래서 우리가 주목할 것은 내적 보상입니다. 특히 이 경험 중에서 우리를 흥분하게 만드는 기쁨, 황홀감의 결정체인 느낌을 말해보려고 합니다.

그 느낌은 바로 '성취감'입니다. 우리는 일상에서 얼마만큼의 성취감을 누리고 있을까요? 만약 전혀 느끼지 못하고 있다면 삶에는 엄청난 혼돈이 올 수 있습니다. 만약 많이 느끼고 있다면 좀 더 성공적인 삶과 행복한 일상을 살고 있을 것이고요.

성취감을 느끼는데도 두 가지 방법이 있습니다. 첫 번째는 실제로 성공해서 성취감을 느끼는 것, 두 번째는 성공 경험을 통해 그것을 느끼는 것입니다. 첫 번째는 명료해 잘 보이지만 두 번째 성공 경험은 무엇을 의미하는 것인지 잘 파악이 되지 않습니다. 성공 경험은 '성공'과 '경험'의 결합어입니다. 그리고 이중 핵심은 '성공'이 아닌 '경험'입니다.

아는 것과 경험하는 것의 차이

 몇 년 전의 일입니다. 집에 돌아오니 문 앞에 한 전단지가 붙어 있었습니다. 저번에도 붙이고 간 '○○피자'였습니다. 요즘엔 각종 배달 앱 때문에 전단지가 확연히 줄었는데도 이렇게 붙인 것을 보면 그만큼 적극적인 곳이란 생각이 들었고, 이 집의 피자 맛은 어떨까 하는 호기심이 일기 시작했습니다. 직접 가져가면 단돈 19,900원에 두 판을 준다고 했습니다. 그리고 이미 두 판의 피자를 마음속으로 정했습니다.

 그 피자를 사오면서 두근거리는 마음으로 포장지를 풀었습니다. 재빨리 입에 넣고 꼭꼭 씹으며 콜라 한 잔을 따라 마셨습니다. 그 고소함과 톡 쏘는 달콤함의 미각에 그 순간 저는 가장 행복한 사람이 되어 있었습니다. 피자 전단지를 보는 것과 피자를 정말 먹어보는 것 사이엔 엄청난 격차가 있습니다.

 만약 어떤 이가 화려한 피자집 전단지를 아무리 많이 가지고 있다고 하더라도 그 사람은 피자에 대해 진정으로 아는 것이 없습니다. 그 피자를 먹지 않았다면, 그는 여전히 피자에 대해서는 모르죠. 몸으로 체험하지 않으면 전혀 알 수 없습니다.

 성공 역시 마찬가지입니다. 진정으로 성공을 이해한다는

것은 성공을 연구했다는 것이 아닙니다. 누가 성공을 얼마나 했는지를 분석하거나 판별하는 작업도 아닙니다. 중요한 것은 성공의 맛을 얼마만큼 경험했는지가 핵심입니다. 이른바 '성공 경험'입니다. 진정으로 성공을 아는 자는 그것을 경험해본 사람입니다.

그럼 '성공'과 '성공 경험'은 어떤 차이가 있을까요? 먼저 성공이란 누군가의 평가와 깊은 관련을 가지고 있습니다. 직업이든 자산이든 그 무엇이든 성공을 맛보는 것은 매우 큰 성취감을 줍니다. 그러나 그것의 지속시간은 놀랍게도 짧습니다. 웬만한 성공에 의한 성취감은 며칠을 가기 힘듭니다. 벌써 우리의 몸이 적응을 해버렸기 때문입니다. 우리가 생각할 수 있는 아주 큰 성공에 의한 성취감은 며칠이 아니라 몇 달이 갈 수도 있습니다. 그러나 황홀함과 같은 강렬한 느낌도 최대 6개월 이상 지속되기 어렵습니다. 게다가 성공의 속성은 이루기는 대단히 어려우나 성공이라는 난관을 정복하면 바로 그 다음엔 더 높은 목표가 기다리고 있다는 것이죠.

저는 우리나라에서 자산으로 큰 성공을 이룬 사람 몇 명과 이야기를 나눠본 적이 있습니다. 그들은 모두가 생각하는 경제적 자유의 끝을 이룬 사람들이었습니다. 저는 그 산 정상에 가보니 어떤지가 궁금했습니다. 그들 중 한 명은 제게 말했습니다. 거길 도달해보니 너무나 감격스러웠다고 합니다. 그러나 며칠, 몇 달이 지나면서 산 정상에 도달해 안개가 걷히고 나서 보니 거기엔 아무것도 없었다는 것이죠. 그들 모두 깊은 공허감과 우울 때문에 저를 찾아왔습니다.

성공은 분명 의미 있고 매우 중요합니다. 그러나 성공에서 느끼는 최고의 기쁨은 '도달'이 아니라 '과정'에 있습니다. 내가 조금씩 나아지고 있다는 그 느낌 말이죠. 그 과정이 '성공'과는 다른, '성공 경험'입니다. 성공이 목적 중심이라면 성공 경험은 과정입니다.

경험이란 무언가를 내가 보고 느끼는 체험의 장입니다. 경험이 핵심이기에 앞에 있는 성공이 얼마나 큰지 작은지는 그리 중요치 않습니다. 성공이 객관적 기준이라면 성공 경험은 주관적 기준이기 때문입니다.

성공 경험이 중요한 이유는 우리 사회가 실패로 점철되어 있기 때문입니다. 성공의 벽이 높다고 한들, 그것이 일시적이라고 한들 일단 이뤘으면 좋겠다는 생각이 가득할 것입니다. 그러나 현실은 쉽지 않습니다.

실패의 반복, 학습된 무기력

 심리학 용어 중 '학습된 무기력Learned Helplessness'이라는 개념이 있습니다. 학습된 무기력이란 긍정심리학자로 저명한 마틴 셀리그먼Martin Seligman, 1942~현재이 고안한 개념으로 계속 실패를 겪다 보면 스스로 아무것도 바꿀 수 없다는 무기력에 빠지게 된다는 것입니다.

 셀리그먼은 24마리의 개를 3개의 집단으로 나눴습니다. 첫 번째 집단은 아무런 자극도 주지 않았습니다. 두 번째 집단은 전기충격을 주었지만 개들이 스스로 조작해서 전기충격을 멈출 수 있게 했습니다. 세 번째 집단은 전기충격을 주면서 어떤 저항도 할 수 없게 했습니다.

 이렇게 하루를 보내게 한 뒤 이번엔 왕복 상자에 각 집단의 개들을 넣었습니다. 한쪽 상자엔 전기충격이 가해지나 개들이 다른 쪽 상자로 넘어갈 수 있게 말입니다. 먼저 첫 번째 집단의 개들은 전기충격을 가하자 다른 쪽의 안전한 상자로 넘어갔습니다. 두 번째 집단의 개들 역시 다른 쪽 상자로 넘어갔습니다. 그런데 특이한 일이 일어났습니다. 세 번째 집단의 개들은 그대로 전기충격을 받고 있었습니다.

 지속적인 실패를 반복적으로 겪을 때 내면엔 하나의 독이 퍼지게 되는데, 그 독은 우리를 마비시킵니다. 그 독의 이름은 '무기력'입니다. 우리 마음의 회로는 크게 세 개로 되어 있습니다.

'선행사건Actual Event: A'과 '생각Belief: B' 그리고 '결과 및 반응Consequence: C' 이렇게 세 개인 거죠. 이를 약자로 나타내어 ABC라고 부르는데 이는 인지행동치료의 핵심원리입니다. 외부의 어떤 사건을 마주하면 우리에게는 생각이 싹틉니다. 그리고 그 생각에 의해서 우리는 반응을 하게 됩니다. 실패의 사건을 자주 마주하다 보면 실패에 대한 생각이 싹트고 그것은 그 사람을 점점 고립되게 만듭니다. 이를 하나의 예로 살펴보겠습니다.

〈수험생의 경우〉

1. 사건Actual Event 1
시험에서 계속 실패를 한다.

2. 생각Belief 1
'역시 난 안 돼, 내일 시험도 안 될걸.'

3. 결과 및 반응Consequence 1
공부에 집중이 안 된다.

이 결과와 반응은 또다시 선행사건에 영향을 미칩니다. 공부에 집중이 안 되니 시험을 망칠 수밖에 없는 거죠.

> 4. 사건Actual Event 2
> 시험을 망친다.
>
> 5. 생각Belief 2
> '봐봐, 나는 안 되는 것이 확실해.'
>
> 6. 결과 및 반응Consequence 2
> 학습에 대한 흥미를 서서히 잃어가며 무기력에 빠진다.

만약 부모가 잠가놓은 문을 따고 들어가 잔소리를 한다면 과연 그 무기력에서 벗어날 수 있을까요? 이미 생각 회로가 '나는 안 된다'로 가득 차 있기 때문에 무기력에서 벗어나기란 좀처럼 어렵습니다. 심지어 그 사람에게 비난과 비교를 하면서 잔소리를 극대화한다면 어떨까요? 부정적 생각이 가속화될 뿐입니다. 그 사람은 계속 침대에 누워 있거나 숨어서 컴퓨터 게임을 하면서 학업에서 점점 멀어져갑니다. 공부라는 이야기만 들어도 스트레스가 생기고, 스트레스는 무기력감을 형성하고, 무기력감은 회피적 행동으로 이어집니다. 일이나 학업의 과정 말고 인간관계에도 이러한 일이 일어날까요? 물론입니다.

〈인간관계의 경우〉

1. 사건Actual Event 1
지속적인 무관심을 겪는다.

2. 생각Belief 1
'역시 모두는 나에게 관심이 없어.'

3. 결과 및 반응Consequence 1
공동체에 나갔을 때 자신감이 떨어져 아무 말도 못한다.

어린 시절에 겪었던 무관심은 그 사람에게 독과 같은 생각을 갖게 합니다. 모두가 나에게 관심이 없고 나를 싫어한다는 생각 말이죠. 그리고 그 생각 때문에 더욱 인간관계에서 소심해지고 침묵하게 됩니다. 누군가가 자신에게 관심을 갖고 다가와도 '저 사람이 무슨 의도로 그러는 걸까?'라는 생각이 듭니다. 그리고 이러한 생각의 회로는 다음으로 이어집니다.

> 4. 사건Actual Event 2
> 말을 하지 않으니 더 관심을 받지 못한다.
>
> 5. 생각Belief 2
> '거 봐, 역시 아무도 나에게 관심이 없잖아.'
>
> 6. 결과 및 반응Consequence 2
> 이제 공동체에 아예 나가지 않고 집에 칩거한다.

  부정적인 일을 겪을수록 생각 1은 생각 2, 3, 4, 5…로 넘어가면서 더 깊은 무기력으로 빠지게 됩니다. 파괴적인 연쇄 고리가 끊임없이 확장되면서 점점 고립되어갑니다. 자신이 무능력하고 무가치하며 사랑받지 못할 것이라는 생각이 가시처럼 파고듭니다. 일이든, 과업이든, 인간관계든, 사랑이든 지속적인 실패가 위험한 이유입니다.

  이러한 과정을 겪을수록 우리의 생각은 오염되어갑니다. 결국, 우리 뇌의 전체 시스템이 실패하는 공장으로 맞춰지게 됩니다. 학습된 무기력감이 그 사람의 삶에 짙게 드리우게 되는 것이죠. 기본 세팅 자체가 성취감보다는 실패감을 느끼기 쉽게 설계되어 있습니다.

그런 점에서 우리의 상황은 어쩌면 연어와 유사하기도 합니다. 실패라는 물살이 우리를 역행하고 있습니다. 이 지독한 물결의 흐름을 가로질러 우리는 가려는 목적지를 향할 수 있을까요? 우리는 어떻게 성취감을 얻을 수 있을까요? 그 성취감이 우리 내면을 꽉 채워 생각의 회로를 바꿀 수 있을까요? 그래서 뇌의 설계 자체가 바뀔 수 있을까요? 이것이 '성공 경험'을 들여다보아야 하는 이유입니다.

성공 경험은 바로 거친 물살을 역행하는 동력입니다. 연어는 작은 물결을 일으켜 큰 물결을 거슬러 올라갑니다. 거대한 실패의 물줄기를 통째로 바꾸려고 하는 것이 아니라 지금 작은 성공 경험을 꾸준히 쌓아나가는 것입니다. 성공 경험이란 한 방에 큰 것을 노리는 로또 복권을 사는 것이 아니라, 조금씩 누적하는 복리효과에 가깝습니다. 거대한 실패를 작은 성공 경험으로 꾸준히 대체하는 것이 성공 경험의 핵심인 거죠.

목욕물을 받았다고 가정해보겠습니다. 그런데 물이 너무 차갑습니다. 그럼 어떻게 할까요? 두 가지의 방법이 있습니다. 받아놓은 물을 몽땅 버리고 다시 미지근한 물로 새로 받는 것, 또 하나는 그냥 뜨거운 물을 부어버리는 것입니다. 차가운 물은 뜨거운 물과 만나며 온도가 조절됩니다. 목욕하기 딱 좋은 온도의 물로요.

실패로 인한 차가운 무기력이 우리 내면에 파고들었다면, 우리 내면엔 좀 더 뜨거운 무엇인가가 필요합니다. 혹독한 시기에 필요한 것은 좀 더 나아질 수 있다는 희망인 거죠. 그리고 그 희망은 몸으로 새겨진, 축적된 성공 경험에서 피어나기 시작합니다.

성공 경험을 위한 환경 조성

지금 다이어리를 하나 꺼내보기로 합니다. 지금이 연말이나 1월이 아니라면 다이어리는 보통 어디론가 사라져 있을 가능성이 높습니다. 많은 사람이 다이어리 맨 앞장에 이번 연도에 이룰 것을 거창하게 적습니다. '다이어트로 −10kg 빼기', '영어 원어민처럼 말하기', '책 100권 읽기'.

저 역시 2019년까지만 해도 해가 바뀌면 항상 넣는 목록이 있었습니다. 그것은 바로 '아침 5시에 일어나기'였는데요. 2019년을 정확히 기억하는 이유는 2019년 이후로는 그 목록을 더 이상 넣지 않고 있기 때문입니다. 그 무렵 저는 고향 집에 내려간 적이 있었는데 제 방에서 우연히 2003년 다이어리를 보았습니다. 그런데 거기에도 똑같이 적혀 있는 것을 발견했던 것이죠.

'아침 5시에 일어나기.'

인간이 바뀌기는 쉽지 않습니다. 큰 변화는 고사하고 아주 작은 변화를 일으키는 것도 어렵습니다. 작용이 있으면 반작용이 있기 때문입니다. 매일 8시에 일어나는 사람이 어느 날 잠을 자려고 누웠는데 유튜브에 미라클 모닝이 추천 영상으로 뜹니다. 클릭을 해보니 나와 비슷한 나이의 사람인데, 미라클 모닝을 하면서 인생에서 너무나 많은 변화가 생겼다고 합니다. 나와는 너무 큰 비교가 되어 갑자기 다짐을 합니다. '내일 6시까지 꼭 일어나자.'

그러면 다음 날 일찍 일어나게 될까요? 안타깝게도 스트레스를 받아서 더 늦게 일어납니다.

왜 우리는 변화를 간절히 원하면서 번번이 실패할까요? 앞서 말했듯 실패의 역사가 누적되었기 때문입니다. 또 우리가 실패할 수밖에 없는 환경에 지속적으로 노출되었기 때문입니다.

그렇다면 어떻게 해야 할까요? 계속되는 실패의 늪에서 벗어나기 위해서 필요한 것은 자기 비난이나 자기 위안이 아닙니다. 수렁에 빠진 사람이 해야 할 첫 번째 일은 손을 뻗어 눈앞에 놓여 있는 동아줄을 단단히 붙드는 것입니다. 동아줄은 내가 살 수 있는 환경이고, 그것이 지독한 늪에서 나를 건져낼 수 있습니다.

저 역시 늘 실패하는 환경에서 벗어나기로 결심했습니다. 5시에 일어나는 것은 어렵다는 사실을 인정하고, 실현 가능한 시간을 찾아보았습니다. 6시? 사실 6시 30분도 어려운 시간이었습니다. 그러나 몇 번의 시행착오 끝에 6시 50분은 가능하다는 것을 알아냈습니다. 일찍 일어나는 것보다 꾸준히 그 시간에 일어나는 것이 더욱 중요합니다. 결론적으로 말하자면 저는 2022년부터 지금껏 특별한 상황이 아니라면 대체로 그 시간에 일어나고 있습니다.

만약 누군가가 일찍 일어나려고 계획한다고 해봅시다. 무엇부터 바꿔야 일어날 수 있는 확률이 올라갈까요? 첫 시작은 '환경'의 조성입니다. 일어날 수 있는 환경을 조성하는 것 말입니다. 저는 이에 대해 우리가 보통 마주할 만한 장애물을 토대로 이야기해보려고 합니다.

먼저 우리의 의지력이 자기 전날엔 충만했다가 아침이 되면 사그라드는 이유는 일어나기 도저히 어려운 환경에 있었기 때문입니다. 머리맡에 둔 휴대전화 알람이 울리면 그냥 끄고 자는 버릇이 있다면 간밤에 아무리 알람을 일찍 맞춰놔도 일어나기는 힘들 것입니다. 또한, 내가 갑자기 그 전날보다 1시간이나 일찍 일어나려고 했다면 그에 대한 반작용이 어마어마할 것입니다. 아무리 일어나려고 해도 누가 내 등 뒤에 접착제를 붙여놓은 것처럼 절대 떨어지지 않을 것이기 때문입니다.

그러므로 어제보다는 아주 조금만 더 일찍 일어납니다. 그리고 알람시계를 하나 더 장만해서 식탁에 놔둡니다. 만약 망치 알람시계나 요란한 멜로디가 싫다면 다른 방법을 생각해냅니다. 클래식 멜로디가 잔잔히 울려퍼지는 물건도 있을 것입니다. 그것을 활용한다면 내일 일찍 일어날 수 있는 확률이 조금 더 높아집니다.

변화는 쉽지 않습니다. 다음날이 되자 식탁에서 울리는 알람시계로 다가가서 그것을 끄기는 했지만, 눈이 떠지지 않습니다. 그래서 다시 침대로 가 다시 잠을 청합니다. 이번엔 실패했지만 나는 그 속에서 깨달은 것이 있습니다. '어떤 환경을 조성하면 좋을까?', '어떻게 하면 내가 좀 더 일어날 수 있는 환경이 만들어질까?' 이런 것을 고민하는 것이죠.

저는 아침에 마시는 드립 커피를 좋아하는데 그 전날 드립 커피용 필터를 미리 세팅해놓습니다. 물도 받아놓고 아침에 원두만 갈아서 바로 먹을 수 있도록 합니다. 그 과정도 제가 좋아하는 클래식을 준비하여 듣습니다. 풍부한 음향과 커피 향이 퍼집니다. 아침이 이렇게 시작됩니다.

이렇게 하루, 이틀이 지나고 한 달, 두 달이 지나면, 변화의 물결이 일상 속에서 누적됩니다. 점차 나는 이전과는 다른 사람이 되어갑니다. 이러한 환경을 점진적으로 바꾸고 시작하는 것이 성공 경험입니다.

평가 방식의 변화

엔트로피의 법칙이라는 게 있습니다. 이 엔트로피의 법칙은 무질서입니다. 삶에는 질서와 혼돈이 있습니다. 이중에서 엔트로피는 혼돈이라고 얘기할 수 있습니다. 그냥 놔두면 시간이 지나면서 질서에서 혼돈으로 넘어갈 것이고, 혼돈에서 질서로 넘어가지는 않는다는 겁니다. 이것은 모든 현상에 적용됩니다. 우리의 삶도 그냥 두면 혼돈에서 질서로 넘어가지 않습니다. 자연 상태에서는 질서에서 혼돈으로 넘어가는 것이 자연스러운 일이라는 겁니다.

우리가 자기계발을 하려고, 변화를 하려고 할 때 자꾸 의지력으로 모든 걸 해결하려고 하지만 생각보다 의지력이 동원되는 곳에는 본능이 단단히 버티고 있습니다. 삶의 변화를 위해서 우선 집중해야 될 것은 너무 본능을 건드리지 않는 겁니다. 변화를 위해서는 점진적으로 아주 작게 시작을 해야 됩니다.

많은 사람이 아침에 일어나는 것보다 더 힘들다고 하는 것이 있습니다. 바로 운동입니다. 저 역시도 그런데요. 그러나 방법을 찾기로 합니다. 그리고 작은 것을 계획하고 실행해보는 성공 경험의 핵심으로 들어가보기로 합니다.

다이어리 이야기를 다시 해보겠습니다. 다이어리 앞 장을 보면 이루려고 하는 여러 목록이 10개 가까이 적혀 있을 것입니다. 그중 가장 하기 힘든 것은 운동입니다. 이제 해야 할 일이 있습니다. '운동으로 10kg 감량하기' 이 운동 목표를 빼고는 나머지 목록을 모두 지워버리는 것입니다. 과감히 취소선을 그어봅니다. 여러 목록이 지워질수록 운동을 한다는 목표가 눈에 띄게 들어옵니다. 목표가 10개가 아니라 1개로 좁혀질 때 우리가 무엇을 이루려고 하는지 초점이 명확해집니다. 초점이 명확해야 우리는 선명하게 그것을 떠올릴 수 있고 무엇을 해야 할지 집중할 수 있습니다.

또 하나의 할 일이 있습니다. 그것은 바로 지금까지 해왔던 평가 방식을 바꾸는 것입니다. 예를 들어 한 해를 마무리할 때 항상 우리가 점검했던 것이 있습니다. '살을 10kg 뺐는가, 못 뺐는가'입니다. 물론 못 뺐을 가능성이 큽니다. 그럼 우리는 실패를 한 것이죠. '뺐는가, 못 뺐는가'의 평가를 간단히 말해 '질적 평가'라고 합니다.

이제부터는 평가 기준을 바꿔보기로 합니다. 양적 평가로 바꾸는 것입니다. 양적 평가에 따르면 1kg을 뺀 것도 뺀 것입니다. 0.1kg을 뺀 것은? 물론 그것도 당연히 뺀 것입니다. 한 걸음씩 하는 것이죠. 0.1kg을 빼야 1kg도 뺄 수 있습니다. 우리는 한 번에 한 발자국씩 갈 수 있습니다. 한 걸음만 간 것도 한 것입니다.

다이어리의 앞 장을 다시 폅니다. 달력이 나오면 하루 전날 실패할 확률이라고는 그야말로 무조건 성공할 수밖에 없는 활동 하나를 적습니다. 이를테면 '스쿼트 1번 하기', '팔굽혀펴기 1번 하기'와 같은 것으로요. 시간과 장소까지 적으면 더 좋습니다. '내일 나는 저녁을 먹자마자 집에서 팔굽혀펴기를 한 번 한다.' 이렇게 적고 내일이 된다면 저녁을 먹자마자 팔굽혀펴기를 한 번 하는 것입니다. 이제 실현을 했기 때문에 다이어리에 동그라미를 칩니다. 이렇게 한 달을 했다면 달력은 동그라미로 가득합니다.

여기서 주의해야 할 것이 있습니다. 만약 하루 전날 적지 않고 그냥 당일에 음식물 쓰레기를 버리러 갔다 온 뒤에 5분간 산책했다고 동그라미를 친다면 어떨까요? 그럴 땐 과감히 ×를 쳐야 합니다. 왜 그럴까요? 뇌가 속지 않기 때문입니다. 아무리 거짓말에 능한 사람도 속일 수 없는 존재가 있습니다. 바로 나 자신입니다.

그리고 미리 적는 것이 무엇보다 중요합니다. 미리 적는다는 것은 계획이기 때문이죠. 자신이 중요하게 생각하는 깊은 욕구를 이미지로 꿈꾸는 것이 계획입니다. 계획은 아직 오지 않은 상상력입니다. 그것은 우리 머리 안에 있습니다. 그리고 계획되어 실현한 것이 오늘이고, 오늘은 현실입니다.

어젯밤 머리에 계획한 것을 오늘 실현합니다. 상상이 현실이 되는 순간이 오늘 펼쳐지는 것이죠. 이것을 몸으로 경험할 때, 우리는 어느 순간 다른 존재가 됩니다. 그리고 상상이라는 이상과 현실이라는 고통의 과정 속에서 작은 성공 경험을 쌓아나가면서 새로운 덕목을 배우게 됩니다. 그것은 바로 '책임감'입니다. 삶을 조금씩 통제하고 책임질 때 삶은 조금씩 나아지기 시작합니다.

작은 습관의 힘

가장 중요한 것은 하루도 빠짐없이 해야 한다는 것입니다. 언제부터냐 하면 이 책을 읽은 이 순간부터입니다. 앞서 성공 경험은 누적되는 복리효과라고 했습니다. 성공 경험은 차가운 목욕물에 수도꼭지를 틀어 뜨거운 물을 받는 행위입니다. 그 성공 경험의 물결은 계속 누적되어 우리 안에 스며듭니다. 한 번에 30% 좋아지는 것이 아니라 꾸준히 0.1%, 0.2%씩 나아가는 것이죠.

보통 습관에 대한 많은 연구를 종합해서 평균을 내보면 작은 습관 하나가 형성되는 데는 60~66일이 걸린다고 합니다. 임상 현장에서 내담자를 만나보면 하나의 작은 습관이 형성되는 데 보통 8~9회기가 걸립니다. 약 두 달 정도로 보면 되는데, 작은 습관이 형성되는 데 걸리는 시간이 그 정도입니다. 그런데 여기에 중요한 기점이 있습니다. 약 60일이 넘어서게 되었을 때 연쇄 반응 속에서 커다란 기폭제가 형성되는데, 그 개념이 바로 '모멘텀Momentum'입니다.

우리가 자전거를 배울 때 처음 균형을 잡는 것이 무척이나 어렵습니다. 그 지지부진한 과정이 꽤 오래 지속됩니다. 조금 갔다가 넘어지고, 또 조금 가면 넘어집니다. 그러나 포기하지 않고 '한 번 더'를 외칩니다. 자전거를 타기 위해서는 이론 공부에 매몰되어서는 안 됩니다. 자전거의 균형을 잡는 법을 교육 영상으로 백날 시청한다고 해도 실전에서 자전거를 실제로 타보면 불과 2~3미터도 못 가고 다시 곤두박질친다는 것을 경험하게 됩니다.

중요한 것은 '경험'입니다. 우리가 처음 자전거를 배울 땐 온 집중을 다 해도 중심을 잡기 어렵습니다. 그러나 우리가 자전거를 타는 경험을 축적하기 시작할 때, 어떤 임계점을 넘을 때, 우리는 자전거를 타며 균형을 잡는 것에 대해 어려움을 느끼지 않습니다. 성공하는 경험이 쌓이게 되었을 때, 우리는 다른 존재가 되어갑니다. 자전거만 봐도 넘어질까 봐 불안했던, 그래서 핸들에만 집중했던 나의 인식이 넓어져갑니다. 이제는 푸른 하늘과 햇빛도 볼 수 있고 신선한 바람도 느낄 수 있습니다. 여기저기 만발한 꽃도 보입니다. 자전거를 타는 것이 즐거워집니다. 그 변곡점이 모멘텀입니다.

지지부진한 기간을 넘어서면 우리는 한 단계 높게 도약해 있습니다. 언제 그랬냐는 듯, 이전과 다른 수준으로 강도 높은 운동을 하게 됩니다. 저 역시 임상 과정에서 내담자를 만나 변화를 도모합니다. 그리고 그 변화를 일으키기 가장 어려울 때가 초반입니다. 관성의 법칙은 변화에도 어김없이 적용

됩니다. 그러나 초반을 잘 넘겨 변화의 축을 갖게 되었을 때 그 사람은 어느 순간 자신의 레이스를 뜁니다.

한 내담자가 몇 년 동안 집 밖에 나가지 않을 정도로 은둔 생활을 했습니다. 취업과 대학원 입학에 계속 실패하면서 고립되었기 때문입니다. 그는 온라인으로 상담을 하겠다고 요청을 했습니다. 상담을 시작하며 그가 밖으로 나올 수 있도록 목표를 세웠습니다. 밖으로 나오기 좋은 활동이 운동인데, 그는 운동 중 가장하고 싶은 것이 러닝이라고 했습니다. 이전에도 달리기는 곧잘 했었기 때문이죠.

그러나 그가 밖으로 나온다는 것은 기적에 가까웠습니다. 그는 집 앞 슈퍼도 나가기 힘들어했습니다. 그는 저와 아침에 일어나자마자 운동화를 신고 끈을 묶은 다음 다시 운동화를 벗는 것을 반복했습니다. 그는 매일 2주를 그렇게 반복하다가 밖으로 나가고 싶다는 강한 충동이 들었습니다. 그는 조금씩 밖으로 나가기 시작했습니다. 두 달 뒤 아침을 러닝으로 맞이했습니다. 점차 그는 변화했고, 취업을 해냈으며 연인도 생겼습니다. 사람의 변화를 가까이에서 목격하는 것은 그야말로 가장 깊은 울림을 주는 드라마입니다. 이렇게 하나의 변화가 형성되기 시작하면 다른 것에도 영향을 미친다는 것을 그는 증명해 보였습니다. 특히 선순환의 영향이라는 점에서

잊지 못할 감동을 주었고요.

이러한 효과는 마치 텐트폴과 같습니다. 하나의 폴대가 우뚝 설 때 다른 천의 높이도 높아집니다. 대장이 달리게 되면 다른 것들도 따라 움직입니다. 파괴적인 연쇄고리가 생성되면 자연스럽게 순환고리로 바뀝니다. 운동을 열심히 했을 뿐인데 식단이 달라지고 좀 더 건강한 생활습관이 형성되고 일에서도 능률이 생깁니다. 몸의 건강은 마음의 건강을 이끕니다. 또 마음의 건강은 몸의 건강에도 영향을 줍니다. 점차적으로 좀 더 나은 인간관계가 가능해집니다.

뇌가 인식하는 모멘텀의 변화

계획이나 의지는 우리 삶에서 매우 중요하지만, 그것만으로는 우리의 삶이 바뀌지 않습니다. 그러나 작더라도 작은 경험을 반복하고 좀 더 나은 환경이 구축될 때, 또 성장하는 일상이 반복될 때, 우리의 삶은 변하기 시작합니다. 폐허와 같은 오래된 집을 리모델링하게 되었을 때 완전히 다른 집으로 변모하는 것처럼 다른 상황과 환경이 펼쳐집니다.

삶에서 새로운 것을 배워나갈수록 뇌의 시스템이 바뀌게

됩니다. 작은 성공을 계속해서 맛보고 누적할수록 그 변화는 두드러지게 나타나는 거죠. 전전두엽, 해마, 감정 조절에 관련된 편도체의 영역이 변화합니다. 전전두엽 영역의 두께와 회색질 밀도가 증가하고 신경 연결성이 변화합니다. 이를 '신경가소성Neuroplasticity'이라고 하는데, 신경가소성이란 뇌의 신경회로가 경험과 학습을 통해 재구성되고 강화되는 현상을 뜻합니다.

뇌는 다양한 경험과 학습을 통해 지속적으로 재설계됩니다. 우리가 새로운 것을 배울 때 뇌는 수많은 신경세포들 사이에 새로운 연결을 만들어내며 정보를 저장합니다. 마치 처음에는 험한 산길이지만 계속 누군가가 걸을수록 땅이 굳어지고 장애물이 치워지면서 오솔길이 만들어지는 것처럼 말입니다.

우리가 쌩쌩 달리고 있는 고속도로는 원래는 모두 비포장도로였습니다. 특정한 경험이나 행동을 반복할수록 시냅스의 연결이 강화되어 정보의 전달이 수월해집니다. 게다가 학습과 경험은 신경회로 자체를 바꿀 수 있습니다. 새로운 학습과 기술로 그에 관련된 뇌 영역이 더 발달하고 그로 인해 신경세포 간의 연결이 또 증가되기 시작합니다. 시냅스의 가소성 원리 때문입니다.

뇌졸중을 겪은 환자가 꾸준한 재활 훈련을 통해 언어나 운동 기능을 회복하는 과정도 이와 같습니다. 외상 후 뇌의 일부 기능이 손상된 경우에 다른 뇌 영역이 그 기능을 대신할 수 있는 것도 같은 원리입니다. 뇌는 계속해서 성장하고 발전할 수 있는, 살아 있는 유기체입니다. 우리는 끊임없이 성장하고 변화하며 환경에 적응합니다. 여전히 새로운 것을 배우고 어려움과 같은 난관을 극복할 수 있습니다. 우리는 부정적인 실패를 경험하지만 회복할 수 있고 오히려 더 크게 뻗어나갈 수도 있습니다. '탄력성Resilience'이란 빛줄기로 어둠이란 절망과 무기력감이 소멸하게 됩니다.

하나의 작은 활동은 다른 활동에도 확산되고, 어떤 영역에서 모멘텀은 파장을 일으키고 이는 다른 영역의 모멘텀을 가동시킵니다. 이것은 의식적 노력을 동반하는 '의지력'과는 결이 다릅니다. 우리가 하고 있는 많은 습관들은 그것이 좋은 것이든, 좋지 않은 것이든 의지력으로 생겨난 것이 아니란 점을 기억할 필요가 있습니다. TV를 보다가 수능시험에서 만점을 받은 학생에게 비결이 무엇인지를 묻자 그저 기본기 위주로 열심히 했다는 다소 허무한 이야기를 마주하게 됩니다. 하지만 가만히 들여다보면 높은 결과를 맞이하게 되는 배경엔 무의식적인 습관이 숨어 있습니다. 하나씩 쌓아 올린 습관은 저절로 우리의 일상을 바꿔나가기 시작합니다. 마치 자율 신경계가 작동하고 있는 원리와 유사한 거죠. 심장은 우리를 위해 열심히 뛰고 있습니다. 우리가 의식하기도 전에 숨은 쉬어집니다. 우리가 잘 때 심장이 뛰지 않을까 봐 걱정하지 않는 이유는 그것이 무의식적 시스템으로 우리 안에 설계되어 있기 때문입니다.

성공 경험의 선순환 시스템

어떤 습관을 형성하기 위해서는 지루한 긴 과정이 필요합니다. 그러나 그것에 몸이 익숙해지면 암묵적으로 우리의 몸은 움직이게 됩니다. 새로운 시스템이 도입되었기 때문입니다.

성공 경험은 하나의 시스템입니다. 팔굽혀펴기 1번, 런닝화 끈 묶기 1번, 물 한 모금 한 잔이 축적되면, 우리의 몸은 그것을 기억하기 시작합니다. 반복하고 누적되다 보면 우리는 어느새 아침에 일어나 스트레칭을 하고 이불을 갭니다. 그리고 양치질을 하고 런닝을 하고 돌아옵니다. 돌아와서는 늘 그랬듯 독서를 30분 동안 하게 됩니다. 하루의 아침 시스템이 이렇게 만들어지는 것이죠.

처음엔 지독하게 어렵던 아침 기상이 어느 순간 당연한 일이 되어버립니다. 의지력이 한 것이 아니라, 체험의 반복, 그리고 누적 효과가 우리의 몸에 각인되는 것입니다. 아침에 일찍 일어나니 생체리듬이 바뀌고, 새로운 순환고리가 연쇄 반응을 일으킵니다. 일상은 혼돈에서 질서로 바뀝니다. 그리고 혼돈과 질서의 중재자엔 반복적인 '성공 경험'이 있습니다.

조금씩 습관이 잡히고 삶이 질서로 바뀔 때 우리는 '가장 중요한 시간'을 내 인생에 배치할 수 있습니다. 많은 연구들에 의하면 우리의 에너지가 가장 충만하고 집중력이 높은 시간이 바로 아침 시간입니다. 그중에서도 기상 직후가 가장 중요한 시간입니다.

저는 아침에 일어나자마자 첫 1시간 30분에서 2시간을 자기 계발에 투자합니다. 피치 못할 상황이 아니라면 그 시간을 꼭 지키고 있죠. 이 시간은 단기적으로 급박한 것을 처리하거나 쌓여 있는 이메일에 답장하는 시간이 아닙니다. 나를 만나고 사색하며, 장기적인 방향성을 위해 꼭 필요한 것들을 하는 시간입니다.

삶은 기본적으로 물살을 거슬러 올라가는 것입니다. 살아가면서 우리의 뜨거웠던 열정도 사그라듭니다. 이 과정에서

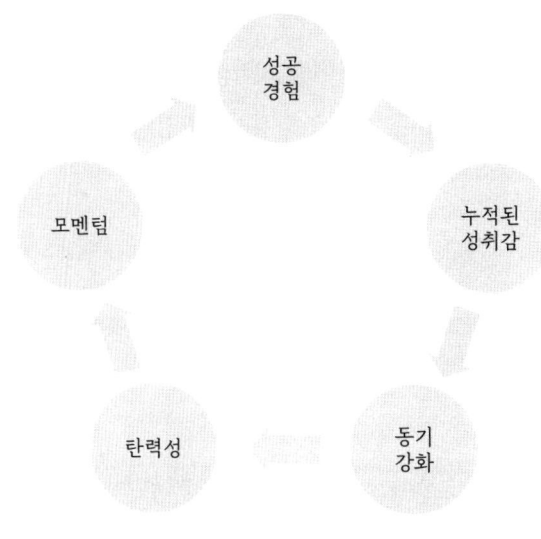

성공 경험의 긍정적 순환 고리 시스템

우리는 성공 경험으로 이것을 대응할 수 있습니다.

반복해서 말했듯, 성공 경험은 결과가 아닌 과정입니다. 그러나 그 모든 과정이 심리적 측면에만 국한되는 것은 결코 아닙니다. 작은 경험을 누적할수록 나에 대한 믿음이 긍정적으로 바뀌어갑니다. 그리고 나에 대한 강한 믿음은 세상을 향한 투지로 바뀌어갑니다. 자전거를 타기 시작할 때, 자전거를 타는 것에 대한 효능감이 올라가는 것만큼 자전거 실력도 늘어갑니다. 작은 경험을 누적할 때 실제로도 우리 삶은 성장합니다. 즉, 성공 경험은 마음에서 시작하지만, 일상에 스며드는 진정한 의미의 성공, 그 성공의 복리효과입니다.

7강

관계

내 인생의 빛, 기회는 사람에게서 온다

7강

나의 가능성을 발견하는 사람에 대해

우리 삶의 '의미와 가치'를 채우는 가장 중요한 요소를 말하고자 합니다. 삶에서 나를 살리고 나에게 굉장히 좋은 기회가 되었던 정보들이 어디에서 왔을까요. 삶을 돌아 곰곰이 떠올려보기를 바랍니다. 바로 사람에서 왔습니다. 생각하지 못한 우연 속에서 나의 삶에 터닝 포인트를 가져오는 새로운 물결은 사람에게서 옵니다.

존재 자체의 인정과 환대. 아직 보이지 않지만 숨은 가능성까지 발견해주는 사람은 인생에서 매우 중요한 인연이라고 생각합니다. 그런 사람과의 만남은 인생의 큰 변곡점을 만들어냅니다. 환한 빛을 비추는 중요한 순간이라고 할 수 있습니다.

어느 날 상담에서 불안이 매우 높은 아이를 만났습니다. 부모가 방관해서 유기 경험이 있는 것도 아니고, 엄청난 학대를 받았던 것도 아닌데 왜 이렇게 불안이 높은지 의아했습니다. 아이를 만난 뒤 아이의 엄마를 만나게 되었습니다. 아주 잠깐 만났는데도 이해가 되더라고요. 그 짧은 시간에도 저에게 주는 불안에 대한 압박감이 제 숨통을 막 조이는 것 같았습니다.

정신분석의 거장이자 자기심리학 Self Psychology의 창시자인 하인즈 코헛 Heinz Kohut, 1913~1981은 이런 말을 했습니다.

> "우리에게는 물리적 산소가 있지만 또 다른 측면에서는 심리적 산소가 있다. 인간이 육체적으로 산소가 없는 환경에서 살아갈 수 없는 것처럼 자신에게 공감적으로 반응하지 않는 심리적 환경에서는 생존할 수 없다."

관계는 산소와 같습니다. 만나면 숨통이 트이는 사람이 있는가 하면, 숨 막히게 하는 사람이 있습니다. 그럼 우리는 어떤 사람을 곁에 두어야 할까요?

삶은 사람으로 둘러싸여 있습니다. 우리 삶에서 가장 큰 배신과 상처, 굉장히 절망스러운 것은 사람에게서 옵니다. 하지만 나를 가장 행복하게 만들고 나에게 새로운 도약의 기회를 주는 것 역시 상생과 사람 사이에서 나타납니다.

저는 일을 하면서 고통으로 가득한 사람을 만납니다. 그들 대부분은 처음에 저를 만나면 우울, 불안, 분노, 억울함 등을 호소하지만 시간이 조금만 지나면 사람이 나옵니다.

> '부모님이 자신을 지나치게 통제해서 우울하다. 남편의 습관적인 도박 습관 때문에 불안하다. 동료의 배신 때문에 화가 난다. 회사에서 내가 하지도 않은 일을 나에게 떠넘겨서 억울하다. 가장 가까운 이가 나를 이용하고 괴롭히기 때문에 증오심이 싹튼다.'

상담은 보통 짧게 만나도 3개월 이상을 만나기 때문에 한 사람을 깊게 만나며 그 사람의 인간관계를 들여다볼 기회가 아주 많습니다. 만약 내 삶이 지나치게 고통스럽고 무엇을 해도 안 풀리고 있다면 노력이 부족하다거나 운이 안 좋아서 그렇다고 생각하는 것은 오류일 수 있습니다. 오히려 내 주위에 누가 있는지를 살펴보는 것이 문제를 해결하는 데 중요한 첫 걸음일 수 있습니다.

인생을 좋은 선순환의 구조로 만들기 위한 방법은 우리 곁의 사람들, 우리의 관계망에 답이 있습니다.

곁에 두지 말아야 할 사람은

사람은 누구나 완벽하지 않습니다. 그러므로 우리는 협력하면서 좀 더 나은 삶을 지향할 필요가 있습니다. 그러나 나에게 무척이나 해로운 사람이 있습니다. 내 곁에 어떤 사람을 두어야 할지 고민이 필요한 이유이기도 합니다.

작은 것부터 큰 것까지 남을 계속 착취하는 사람이 있습니다. 공감 능력이 결여되어 있고 자아도취에 빠져 사는 사람도 있습니다. 지나치게 자기 중심적인 사람 옆에는 피해를 입는 사람이 가득합니다. 감정 조절이 안 되고 다른 사람을 모두 감정의 쓰레기통으로 만들어버리는 경우도 있습니다. 주변 사람 모두를 불행하게 만드는 사람도 있습니다. 이런 사람의 유형은 이미 많은 여타 콘텐츠에서 소시오패스, 나르시시스트, 집착형 등으로 알려져 있습니다. 그러나 정말 해로운 이가 있는데, 그 사람은 '매사에 부정적인 사람'입니다.

매사에 부정적인 사람과 시간을 함께 보낸다는 것은 엄청난 심리적 소진으로 이어집니다. 어떤 일에 열정을 가지고 시작하다가도 이들과 함께하면 구멍 난 풍선처럼 아무리 불어도 제자리이기 일쑤입니다. 이들이 나쁜 마음을 가지고 그렇게 하는 것이 아닐 수 있습니다. 그러나 부정적인 사람은 아무리 좋은 마음을 가지고 있다고 하더라도 스스로가 세상을 회색으로 바라보고 있으므로 끊임없이 무엇인가를 불평합니다. 그리고 나에게 찾아와 비관적인 생각을 계속 전달합니다.

늘 강조하지만 감정은 전염력이 있습니다. 화가 많은 사람 옆에 있다면 나도 화가 나는 것처럼요. 불안한 사람이 주변에 가득하다면 나 역시 불안으로 뒤덮이게 됩니다. 매사에 부정적인 사람은 내 삶을 잠식해서 잿빛으로 만들어버리고야 맙니다. 감정은 그렇게 퍼집니다.

우리가 만약 어떤 회의실에서 토의하고 있다고 해봅시다. 그런데 갑자기 모르는 사람이 갑자기 확 문을 열고 들어오더니 "야!"라고 큰소리를 지릅니다. 그럼 그 즉시 여기 모인 우리 모두에겐 모종의 불안이 증폭됩니다. 이처럼 인간은 감정을 경험하기도 하며 누군가에게 감정을 전달하기도 하고 전달받기도 합니다. 단발적이고 일회적 사건에 의한 감정의 격발도 있지만, 감정의 교류가 훨씬 활발하게 일어나는 것은 가까운 관계입니다.

만약 고등학교 3학년, 입시를 앞두고 한참 예민한 시기에 가장 친한 친구가 계속 시험을 망칠 수밖에 없을 거라고 이야기를 한다면 어떨까요? 우리 성적으로는 좋은 대학은 꿈도 못 꾼다고 지속해서 말합니다. 설령 우리의 부족한 재능과 안 좋은 환경으로 갈 수 있는 최고 좋은 대학을 간다 하더라도 취업은 안 될 거라고 합니다. 그 말을 들으면서 점차 입시 위주의 세상, 성적으로 사람의 등급을 나누는 이 불공평한 세상, 취업이든 대출이든 내 집 마련이든 무엇이든 너무나 어려운 이 세상에 대해 화가 나기 시작합니다.

그러한 문제 인식은 필요할 수 있으나 고등학교 3학년이라는 촌각을 다투는 상황에서 입시를 앞둔 학생에게 어떤 영향을 미칠까요? 환경과 사회에 대한 분노가 자신이 현재 맡은 역할을 방기하거나 회피하는 데 활용된다면 이런 관계는 그야말로 파괴적입니다.

만약 어떤 회사에 구성원 대부분이 우리 회사가 금방 망할 것이라고 굳게 믿고 있습니다. 아무리 그렇지 않다고 설득한들 감정적으로 침몰하는 배를 막을 수 있을까요? 마치 가랑비에 옷이 젖듯 그 사람의 생각에 어느새 동조하게 됩니다. '맞아, 우리 회사는 정말 미래가 없어. 이 회사가 더 확장되고 성장할 확률이 얼마나 될까?'

부정적이고 회의적인 뉴스를 지속해서 말하는 누군가는 이렇게 말할지도 모릅니다. '돌다리도 두들겨보라고 했으니, 나는 혹시 모를 위협을 경고해준 것이다. 나는 사실대로 말한 것이다.' 이런 의도를 가진 것인데, 나를 왜 비난하냐고 반문할지도 모릅니다. 혹시 모를 위협을 방지하기 위해서 그렇게 말한 것이라고 항변할 수도 있습니다.

그러나 이 주장엔 맹점이 있습니다. 우리 시대엔 이미 부정적인 것들로 추가 상당히 기울어져 있다는 사실입니다. 우리가 하루 중 보고 듣는 뉴스 중 긍정적인 부분이 얼마나 될까요? 위험을 방지하는 것도 중요합니다. 차를 탈 땐 백미러도 필요하지만 백미러만 보고 운전을 할 수는 없습니다.

저는 실제로 내담자들과 지능검사를 할 때가 있는데, 나타난 지능에 비해 사회적 역할이나 자신 스스로에 대한 능력에 대한 믿음이 현저히 떨어지는 사람을 보고는 합니다. 어떤 사람은 지능이 상위 1% 안에 들어가는 사람인데도 자신이 늘 부족하다는 생각에 젖어 있습니다. 그리고 그들과 면담을 하다 보면 공통된 특징을 볼 때가 있습니다.

바로 주변 사람입니다. 그들은 부모이기도 하고 친구이기도 하며, 형제나 자매이기도 합니다. 그리고 모두 부정적이고 회의적인 사람입니다. 심지어 어떤 이는 부정적인 이야기를 넘어 끊임없이 비난을 늘어놓습니다. 주위에 엄청나게 부정적인 사람이 자신에 대한, 세상에 대한 부정적 이야기를 퍼나르고 있는 거죠. 먼 과거부터 지금까지 말입니다.

지지적인 사람과의 동행은 얼마나 치유적인가

부정적인 사람과 다툴 필요는 없습니다. 그들과 논쟁을 한다고 하더라도 그들의 잿빛 안경을 벗길 수는 없습니다. 평생 쓰고 있는 안경을 말 몇 마디로 벗게 하는 것은 정말로 어려운 일입니다.

겨울에 차를 탔을 때 너무 추우면 히터를 틉니다. 반대로 여름에 너무 더우면 에어컨을 틉니다. 이를 일컬어 '항상성'이라고 합니다. 만약 내 주위에 부정적인 사람이 많다면 어떻게 해야 할까요? 그럼 지금 당장 해야 할 첫 번째 일은 좀 더 긍정적이고 지지적인 사람을 만나는 것입니다. 그리고 그 사람의 숫자와 시간을 늘려가는 것입니다.

아이가 중학교에 올라갈 때 가장 주요하게 봐야 하는 것은 아이가 만나는 친구가 어떤 사람이냐는 것입니다. 그 친구와의 질적 만남은 자아정체성이 다 형성되지 않은 아이에게 엄청난 영향을 주게 됩니다. 내가 효능감을 키우고 싶을 땐 나를 효능감 있는 존재로 바라보는 사람을 옆에 두는 것이 가장 시급히 해야 할 일인 것이죠.

물론 그런 사람이 많지는 않습니다. 그러므로 그런 소수의 사람은 매우 귀합니다. 우리가 백 개의 왜곡된 거울에 둘러싸여 있더라도 나를 있는 그대로 비춰줄 수 있는 거울이 있다면 그 거울을 소중하게 여겨야 하고, 그 거울과 오랫동안 동행해야 합니다. 그 거울에 나를 자주 비춰볼수록 진정한 자신을 볼 수 있게 되는 거죠. 인생에서 그런 거울은 한두 개만 있어도 됩니다. 내 자존감을 박살내는 거울이 아니라 내 존엄성과 가치를 온전히 비춰주는 거울, 나를 귀한 빛으로 비춰주는 거울 말입니다.

이렇게 또다시 감정은 전염됩니다. 긍정적인 사람과 있으면 나 역시 긍정적으로 시각이 바뀌기 시작합니다. 나를 지지하는 사람을 만나면 나의 자존감이 올라갑니다. 나의 자존감이 올라갈 때 나는 좀 더 나은 사람으로 올라갈 교두보를 얻습니다. 우리의 휴대전화 속에는 수백 명의 사람이 저장되어 있습니다. 그중에 긍정적이고 진취적이며 지지적인 사람을 발견할 수 있기를 바랍니다. 그 소수의 사람과의 우정과 시간을 소중히 여겨야 합니다.

극심한 따돌림을 겪고 있는 한 아이를 만났습니다. 그 아이는 친구들과의 관계에서 심각한 어려움을 겪고 있었고 부모도 그 아이에게 별로 관심이 없었습니다. 친구들이 그 아이를 멍청하고 뚱뚱하다고도 했습니다. 그 아이는 저를 만나러 상담실에 들어오기 전까지 무언가를 끊임없이 먹고 있었습니다. 가슴 아프게도 그의 부모 역시 아이를 비난했습니다. 그 아이가 제게 한 첫마디는 "자신을 잃어버렸다"라는 말이었습니다. 이 아이에게 상담은 대체 무슨 의미일까요? 마치 탐정처럼 그 아이가 잃어버린 것을 객관적이고 중립적인 자세로 찾는 과정일까요?

그 아이가 잃어버렸다고 하는 맥락은 비난의 메아리, 그 진흙더미에서 자신을 구출하고 싶다는 메시지였습니다. 그 안에서 잃어버린 자신의 진주를 발견하고 싶다는 것이었죠. 그러려면 진흙더미를 걷어내야 합니다. 이때 필요한 것은 탐색이 아니라 공감과 강력한 지지입니다. 차가운 얼음으로 뒤덮여 있을 때는 그 얼음을 녹일 수 있는 온기가 필요합니다. 저는 어디에서도 하지 못했던 그의 억울함과 우울, 불안을 적극적으로 경청하고 소화되지 않은 괴로운 감정을 내 안으로 가져와 느껴보기 시작했습니다.

눈물을 흘리고 있는 그 아이에게 제가 한 말은 "눈물을 흘리면서 어떤 생각이 드느냐?"는 탐색 질문이 아니었습니다. "지금 그 눈물을 보면서 내 가슴도 아리다"고 그 사람을 비추는 일이었습니다. 감정을 내 안으로 흡수시켜보고 경험해보았습니다. 그 아이의 처지와 상황을 나의 일처럼 느껴보고 생각하는 과정이었습니다. 그렇게 할수록 저는 그 아이의 상황을 좀 더 명확하게 그릴 수 있었고 비로소 이해할 수 있었습니다.

저는 어떤 장면에서는 애도했고, 또 다른 장면에서는 같이 화를 내기도 했습니다. 그 아이는 조금씩 저를 믿게 되었고 자신의 속마음을 열었습니다. 얼음 밑에 있는 것이 진실일 텐데, 자신 안에 숨겨진 빛을 조금씩 드러냈습니다. 자신의 잃어버린 빛을 저라는 거울 속에서 보았고, 신기하게도 안정을 찾으면서 체중이 빠지기 시작했습니다. 스트레스는 불안을, 불안은 폭식행동이란 결과를 가져왔습니다. 반면 공감의 과정은 안정감을, 그 안정감은 폭식행동의 감소로 이어졌습니다.

그는 자신이 좋아하고 중요하게 생각하는 가치가 무엇인지를 찾았습니다. 이후 적성에 맞는 대학을 갔고 그 가치를 제대로 실현하기 위해 대학원에 진학했습니다. 그에게는 아직도 넘어야 할 산이 있습니다. 가야 하는 길은 남아 있지만 자신에게 주어진 길을 부지런히 걷는 중입니다.

나도 저 사람처럼 될 수 있을까

그렇다면 우리는 어떤 사람을 곁에 두어야 할까요? 가장 위대한 심리학자를 나열할 때 항상 등장하는 인물이 있습니다. 바로 앨버트 반두라Albert Bandura, 1925~2021입니다. 학부 때 심리학 개론을 들어봤다거나 독학으로라도 심리학이나 상담학을 공부하다 보면 그의 이름을 모를 수 없습니다. 그리고 그의 가장 위대한 연구로 꼽히는 것은 다름 아닌 그 유명한 보보인형 실험입니다. 실험의 핵심적인 과정을 소개해보겠습니다.

아이들을 선발해서 두 그룹으로 나누기로 합니다. 그리고 첫 번째 그룹에서는 한 어른이 나타나 보보인형을 고무망치로 때리고 발로 차기도 하며 고함을 지릅니다. 그리고 두 번째 집단에서는 아무것도 보여주지 않습니다. 그런 다음, 아이들은 보보인형을 마주칩니다. 어떤 일이 일어났을까요? 첫 번째 집단의 아이들이 두 번째 집단의 아이들보다 인형에게 폭력적 행동을 현저히 드러냈습니다.

지금 보면 예상 가능한, 매우 간단하고도 상식적인 이 연구는 당시로서는 그야말로 획기적인 사건이었습니다. 그전까지 심리학의 주류는 보상과 처벌이라는 개념으로 인간의 행동을 변화시킬 수 있다고 보았기 때문입니다. 마치 돌고래에게 물고기를 주며 조련을 하는 것처럼 인간에게 특정한 보상을 주면 그 방향으로 움직일 수 있다고 보았습니다. 인간이 원하는 방향으로 움직이지 않으면 처벌을 하는 것이죠. 이런 관점은 인간이 환경에 의해 수동적으로 반응한다는 비판이 있었습니다. 그리고 과연 인간이 돌고래나 애완견처럼 몇 개의 음식과 작은 보상으로 계속 바뀌느냐는 논란이 있었습니다. 그러나 이 실험은 인간이 보상과 처벌 이외에도 인간의 행동에 큰 영향을 미치는 것이 있음을 드러냈습니다.

첫 번째 집단의 아이들이 두 번째 집단의 아이들보다 더 폭력적인 이유는 무엇이었을까요? 바로 보여지는 상황 때문이었습니다. 단순한 보상과 처벌이 아닌 무엇을 관찰하는가에 따라 사람의 학습에 지대한 영향을 미치고 그로 인해 행동이 달라진다는 것을 알려준 결과였습니다.

잠깐의 실험에서 이루어진 학습에서 이렇게 큰 공격성의 차이가 나타난다면 오랫동안 관찰한 것은 얼마나 큰 파괴력을 가질 것인가에 대한 의구심이 생겼죠. 많은 사람이 이 실험에 경악했던 이유가 여기에 있습니다. 예를 들어 폭력적인 부모 밑에서 자란 아이에게 있어서 분노와 폭력성은 얼마나 크게 전수될 수 있을까? 이런 놀라움으로 반두라가 심리학 전반에 엄청난 영향을 끼치게 된 것입니다. 이 관찰학습이라는 학습 과정을 '모델링Modeling'이라고 합니다. 누군가가 하는 긍정적이거나 부정적인 행동은 모델링에 의해 크게 영향을 줄 수 있다는 것이죠.

세상과 사회에 불만으로 가득한 사람들을 만나게 되면 어떻게 될까요? 어느새 말투와 행동이 부정적으로 변할 것입니다. 주변 사람을 괴롭히고 그로 인해 기쁨을 느끼는 사람과 함께하다 보면 어느새 자신이 그 행동의 주동자가 되어버립니다. 만약 아이가 게임에만 온종일 집중하고 있는 아이들과 어울리면 서로 영향을 주고받으며, 그 게임을 잘하게 될 확률이 높습니다. 서로 경쟁하면서 말이죠. 만약 아이가 좀 더 농구를 잘하는 아이들과 어울리게 된다면 아이는 농구를 꽤 잘하게 될 가능성이 큽니다. 서로 대화를 하고 경쟁하기도 하면서 더 농구를 잘하려고 합니다. 기초 체력도 쌓고 더 좋은 장비를 사고 골이 잘 들어갈 수 있는 슛 자세를 배우려고 할 것입니다.

내가 어떤 행동을 하는 것은 누군가에게 배웠던 것일 수 있습니다. 그렇게 본다면 누군가와 함께하는 시간과 경험은 매우 큰 영향을 줍니다. 운명이 있다면 그것은 멀리 있지 않습니다. 자신의 운명이 어떻게 될지는 내가 누구와 계속 만나고 있는지를 살펴보는 것과 가깝습니다. 삶의 질은 동행하는 사람에 따라 달라집니다.

그런데 이 관계 중 가장 큰 영향을 주는 사람이 있습니다. 대개 그 사람은 부모입니다. 우리가 만약 활짝 핀 나무라면, 그 뿌리엔 부모와의 경험이 있습니다. 처음부터 나무인 존재는 없습니다. 나무는 씨앗에서 시작합니다. 그 씨앗이 건강하고 활기차며 적극적인 나무가 될지, 아니면 시들어가고 썩어가는 나무가 될지는 초기에 뿌리가 얼마나 튼튼하게 잘 박히는지에 따라 달라집니다.

인생을 바꾸는 배움의 롤모델

그러나 아무리 훌륭한 부모라도 평생 유일한 롤모델이 될 수는 없습니다. 우리는 시간이 지날수록 성장합니다. 그리고 또다시 자신에게 주어진 길을 걷습니다. 자신이 자란 만큼 그보다 더 큰 꿈과 이상향을 보기 시작합니다. 어린 시절엔 그 이상향이 부모였으나 성장하면서 또 다른 이상향들이 등장합니다. 관계 이상의 배움을 얻는 롤모델의 예를 들어보고 싶습니다.

위인들의 전기를 보면 몇 가지 특징이 있습니다. 그들은 자신이 가진 이상과 가치를 위해 꾸준히 노력하고 난관을 극복하면서도 근면하게 살았던 사람입니다. 그들은 대부분 성실한 사람입니다. 삶은 새로운 것을 꿈꾸는 동시에 꾸준히 걸어야 하는 과정입니다. 그리고 여기 위인들이 가지고 있는 또 하나의 특징이 있습니다. 그것은 그들이 비범한 인물일수록 그에 걸맞은 위대한 스승이 있었다는 점이죠.

카를 융은 어린 시절부터 지독한 내향적 기질을 가지고 있었습니다. 어느 날 그는 운명처럼 임마누엘 칸트Immanuel Kant, 1724~1804의 저작을 만나게 됩니다. 『순수이성 비판』, 『실천이성 비판』, 『판단력 비판』과 같은 저작에서 칸트는 신이 인간과 유리된 채 저 멀리 고고하게 존재하는 것이 아닌, 우리의 내면 깊숙한 곳에 신의 성품을 심었다고 보았습니다. 신의 성품은 외부가 아니라 내면에 있다고 본 것이죠. 칸트의 위대한 철학, 윤리학은 인간에게서 발견됩니다. 융은 칸트가 외부가 아닌 내부를 본 사람이라는 점에서 심리학자라고 생각했는데, 칸트는 인간의 내면이 어떻게 작동하는지 알려주는 설계도를 만든 사람으로 보았기 때문입니다.

실제로 융의 사상은 외부가 아닌 내부를 강조합니다. 그는 심리학이 주관성 안에서만 찾을 수 있다고 믿었습니다. 그의 사상 속에는 그가 찾았던 또 다른 아버지인 칸트의 사상이 있습니다. 이것은 그가 내부를 지향하는 심리학을 공부한 동기가 되었습니다.

단순히 롤모델의 생각이나 세계관, 사상을 배우고 모방했다는 것이 아닙니다. 그들은 오히려 자신의 롤모델이 했던 방법론, 생활습관, 작은 행동까지도 따라 했습니다.

워런 버핏 Warren Buffett, 1930~현재은 '가치투자의 아버지'라고 불리는 벤저민 그레이엄 Benjamin Graham, 1894~1976을 평생의 멘토로 삼았습니다. 그는 그레이엄이 쓴 『현명한 투자자』를 극찬하면서 가치투자의 성서처럼 여겼습니다.

수많은 위인들이 거인의 어깨에 서서 좀 더 너르게 세상을 볼 수 있었습니다. 역사적인 위대한 인물들은 멘토로부터 통찰과 영감을 얻었고 성장했습니다. 심지어 그들의 작은 생활습관, 방법론, 세계를 바라보는 식견을 모방했습니다. 점점 그들은 스승이 되어갔고, 스승처럼 살기 시작했습니다. 그리고 어느 순간 스승을 넘어서기도 했습니다.

삶의 곳곳에 놓인 배움의 가치

어떤 학생이 저에게 질문을 했습니다. 자신은 좋은 환경에서 자라지 못해 그런 위대한 사람을 직접 만날 만한 환경이 부재하다고 했습니다. 그러한 위대한 스승이 자신의 아버지라거나 친척, 선생님이었다면 좋겠지만 그렇지 않다고 하더라도 우리에게는 얼마든지 대안의 방법이 있다고 알려주었습니다.

언젠가 제가 학생 때 책과 학술대회에서 멀찍이 배웠던 내로라하는 탁월한 임상가가 유튜브에 나오는 것을 보고 놀랐던 적이 있습니다. 다수의 전문가가 여러 매체에 등장했고, 한 번이 아니라 여러 번 등장하게 되었습니다. 요즘은 시대의 위대한 인물이 자신을 드러내고 있습니다. 지금은 하루면 배송이 오는 여러 책과 자료, 스마트폰 하나만으로도 그들과 연결될 수가 있습니다. 또한 어떤 것을 제대로 배우려면 진지한 태도가 첫 단계입니다. 똑같은 스승이어도 제자들의 성장은 천차만별입니다. 적극적 자세와 최적의 환경은 스승의 가르침을 더 깊이 흡수하게 하는 토대가 됩니다.

모든 배움은 이론이며, 실제는 현장에 있다는 것을 기억해야 합니다. 작은 지식을 배웠다면, 그것을 내 안의 영역에서 계속 시험하고 도전하고 시연해봐야 합니다. 그리고 그 시간의 너비 속에서 자신만의 경험을 얻게 됩니다. 학습은 배울 학學과 익힐 습習입니다. 위대한 스승에게 배우고 자신의 것으로 익혀야 한다는 뜻일 것입니다. 어떤 것은 자신에게 잘 안 맞을 수도 있습니다. 아무리 훌륭한 방법론이라고 하더라도 자신에게 맞지 않는다면 과감히 버려야 합니다. 그리고 어떤 것은 운명처럼 다가오는 것이 있을 텐데 그것을 붙들고 깊이 파보는 것도 필요합니다. 이 반복된 과정을 통해 놀라운 경험을 할 수 있을 것입니다.

몰입의 가치가 더욱 부각되는 시점입니다. 진짜 내가 몰입할 수 있는 것은 내가 좋아하거나 관심이 있는 것입니다. 나에게 절실히 와 닿는 가치나 생활습관, 어느 분야의 지식을 발견했다면 그것에 몰입해볼 수 있습니다. 바쁜 시간에 대응하는 시간을 줄이고 위대한 스승으로부터 좀 더 깊이 있는 내공을 배워볼 수도 있습니다. 그 깊이에서 드러나는 것은 자신의 원형, 고유성이며 원석입니다.

배움을 통해 내 안에 숨겨져 있는 빛을 발견하고 긍정하고 굳건히 지지할 수 있습니다. 어두운 길을 걸어갈 때 필요한 것은 빛입니다. 또한 등대와 같은 사람이 있습니다. 그리고 존경할 만한 사람이 있습니다. 마땅히 따라가고 싶은 사람인 거죠. 혼돈에 빠졌을 땐 우뚝 서서 자신의 역할을 훌륭하게 수행하고 있는 그들을 찾아내 따라나서야 합니다.

빛은 모두 사람에게서 온다

저는 공학을 전공하고 기계 전문의 설비회사에 근무하고 있는 사십대 내담자를 만난 적이 있습니다. 그는 우울과 침울함에 빠져 있었고 자신이 무엇을 좋아하는지 어떤 것에 의미를 둬야 할지 모르겠다고 했습니다. 저는 그 사람이 원하는 것을 찾기 위해 질문을 던지기 시작했습니다.

그리고 10년 뒤에 무엇을 이루고 싶은지 물어보았습니다. 그는 멋쩍게 웃으면서 100억을 벌고 싶다고 했습니다. 그러면서 저에게 "너무 세속적이죠?"라고 다시 물었습니다. 저는 그에게 그러한 대답은 당연한 것이라고 했습니다. 저는 그래서 100억을 가지게 되면 무엇을 해보고 싶은지 다시 물어보았습니다. 그는 웃으며 건물주라고 대답했습니다. 그것도 좋은 대답이었습니다. 저는 그럼 다음 시간까지 어떤 위치에 몇 층의 어느 타입의 건물을 갖고 싶은지 생각해서 올 것을 권했습니다. 그는 다음 시간에 실제로 어떤 지역에 임장을 가서 건물을 보고 오기도 했습니다. 저는 그 건물에 관해 이야기해 달라고 했고 그 건물의 소유주가 되면 어떻게 그것을 관리하고 운영할지를 물어보았습니다. 그는 이후 여러 건물을 보러 다녔습니다. 그리고 저에게 와서 자신이 그곳을 거닐면서 있었던 일들을 설명하면서 좀 더 표정이 생생해졌습니다.

그러나 우리를 움직이는 욕구는 하나가 아닙니다. 저는 그에게 좀 더 깊은 질문을 했습니다. 보통 소유에 대한 대답이 나올 땐 그 소유를 이룬 뒤의 행동에 대해 질문을 하면 도움이 됩니다.

저는 그에게 그 건물을 실제로 소유하고 나면 그다음엔 무엇을 해볼 것인지를 물었습니다. 그는 갑자기 유럽을 가고 싶다고 했습니다. '유럽이라고?' 예상치 못한 말이었습니다. 그래서 저는 구체적으로 유럽 중에서도 어디를 가장 먼저 갈 것인지를 물어보았습니다. 그는 튀니지를 지나 남이탈리아와 북이탈리아를 가서 여러 유적을 돌아보고 싶다고 계획을 펼쳐놓았습니다. 왜 그는 유럽 여행을 가고 싶다고 했을까요? 그리고 그중에서 튀니지와 이탈리아의 여정은 무엇을 의미할까요? 심지어 그는 한 번도 유럽 여행을 가본 적이 없었습니다. 정신분석학에서는 우리가 하는 작은 행동도 모두 의미가 있습니다. 꿈꾸고 있는 것도 마찬가지입니다. 게다가 경험해보지 않은 사람이 그것을 꿈꾸는 데엔 분명 이유가 있습니다.

실제로 그는 어린 시절 세계사를 즐겨 읽었다고 했습니다. 지도를 펼치고 동그라미도 치고 깨알과 같은 글씨도 적었던 기억이 있었습니다. 그는 세계사 중에서도 유럽을 좋아했고 그중에서도 고대 유럽의 흔적을 담고 있는 로마에 관심이 있었습니다. 저는 전문가가 아니지만, 『로마인 이야기』와 같은 책을 좋아했기 때문에 그의 이야기에 더욱 흥미를 갖게 되었습니다.

그는 분명히 튀니지 지역에 있었던 고대왕국인 카르타고를 말하는 것이었습니다. 카르타고의 명장인 한니발 장군의 로마에서의 격전을 신나게 이야기했습니다. 그는 자신이 가고 싶은 동선을 말하면서 그곳에 있는 유적지에 담겨 있는 사연도 들려주었습니다. 중년의 주름 안에서 생생한 소년의 모습이 보였습니다. 보통 이런 장소와 활동에 관한 이야기를 할 때 나타나는 또 다른 주제가 있습니다. 그것은 바로 소중한 사람입니다. 그래서 그때를 놓치지 않고 물어보았습니다.

"그 유적지에 같이 가고 싶은 사람이 있나요?"

"아, 아들이요."

"아들이 떠오른 이유가 있을 것 같아요."

잠깐의 침묵 끝에 그는 이렇게 말했습니다.

"저는 어렸을 때 세계를 여행하고 싶었어요. 아빠와 같이 여행을 가고 싶었어요."

이러한 대화를 하면서 소중한 사람들이 나오기 시작했습니다. 그리고 우리 둘의 가슴엔 뜨거운 무엇인가가 올라왔습니다. 그는 그 말 너머에서 자신의 아버지를 떠올리게 되었고, 그의 아버지가 개인적으로 어떤 사람인지를 묵묵히 생각했습니다. 그는 이전에는 특별히 돌아가신 아버지를 생각해보지 않았습니다. 하지만 아버지라는 존재는 그에게 너무나 큰 의미였습니다.

"아버지는 어떤 사람인가요?"
"아버지 하면 떠오르는 이미지가 무엇인가요?"
"아버지는 당신에게 어떤 존재였나요?"

그리고 우리는 과거에 대한 질문 끝에 현재에 관한 이야기로 돌아왔습니다. 그는 어린아이였던 시절을 지나 이제는 어른이 되었고, 자신의 어린 시절과 유사한 아이가 있었습니다.

방금 질문에서 나온 자신의 아들이었습니다.

"아들과 그 유적지를 같이 거닐면서 대화를 나눈다는 것은 나에게 얼마나 의미 있는 일인가요?"

이 속에서 그 사람에게 숨겨진 의미는 무엇이었을까요?

'여행자, 모험가, 아들을 사랑하는 아버지, 그리고 어린 시절 아빠를 사랑했던, 그래서 같이 여행을 떠나고 싶었던 아들….'

유럽 여행을 간 적은 없지만, 그 사람의 심상은 그것을 강렬히 원하고 있었습니다.
그래서 이 이야기들을 한 번 정리해보기로 했습니다. 그는 소유하고 싶은 것과 할 것, 그리고 의미를 이야기했습니다. 그것을 이렇게 나누어보겠습니다.

① 되고 싶은 것(Having): 100억 이상의 자산가, 건물주
② 하고 싶은 것(Doing): 아들과의 옛 로마유적지를

거닐며 함께 대화하기
③ 그것의 의미(Being): 여행자, 모험가, 아들을 깊이 사랑하는 아버지, 어린 시절 아빠를 사랑했던 아들

'무엇을 바라는가'는 해빙Having입니다. 내가 소유하고 싶은 것입니다. '그것을 이루면 무엇을 하고 싶은가?' 이것은 두잉Doing입니다. 소유를 의미하는 해빙과 행동을 의미하는 두잉에 대해 깊이 숙고할수록 존재를 의미하는 빙Being이 나옵니다.

저는 그것을 질문하는 동시에 그 의미를 성취할 수 있는 작은 것들을 함께 이뤄보자고 했습니다. 앞서 말한 작은 과제는 이렇게 시작됩니다. 즉, 질문은 ① → ③으로 하되 실제 과제는 ③ → ①로 가보는 것입니다. 건물주가 되는 것은 어렵습니다. 그러나 여행을 떠나는 것은 꼭 로마가 아니어도 해볼 수 있습니다. 더욱이 아들과 함께하는 경험이 꼭 로마의 유적지에서 할 필요는 없습니다. 여행지나 유적지는 배경에 불과하니까요. 여기서 핵심은 누구와 함께 그 여행을 가느냐입니다. 자신이 그리고 있는 모험을 작은 도전으로 좁혀서 실천해볼 수 있습니다.

이렇게 같은 질문을 해볼 수 있습니다.

10년 뒤엔 무엇을 이루고 싶은가?

그리고 그것을 다 이루면 무엇을 해보고 싶은가?

그것의 의미는 무엇인가?"

이 질문을 순서대로 스스로 되물어보기를 바랍니다. 구체적인 그림을 떠올리며 질문을 던져보았으면 합니다.

지금까지 삶의 길에서 경험하는 본질적인 의미와 가치에 대해 오랫동안 이야기해왔습니다. 우리가 말해온 의미, 욕구, 깊은 상상력, 좌절과 고통, 성공 경험이라는 세계의 핵심엔 사람이 있습니다. 우리의 시대는 앞으로 더욱 빨리 변할 것입니다. 그러나 변하는 것 속에서 변하지 않는 것이 있습니다. 그것은 바로 우리가 어떤 모양이나 형태로 살아간다고 하더라도 삶의 가장 큰 의미는 우리 곁에 있는 소중한 사람들이라는 것입니다.

가능성의 빛이 인생을 밝히다

고향 이야기를 다시 해보려고 합니다. 우리 조상은 대대로 고향인 공주에서 살았습니다. 조선 시대 때부터 이어진 일이었습니다. 그러니 당연히 아버지는 그곳에서 자라셨습니다. 아버지는 형들보다 공부를 잘하지 못했으나 효심이 깊은 사람이었습니다. 농사일은 아버지가 어렸을 때부터 시작되었습니다. 형들은 서울에 가서 취업도 하고 사업도 했지만 아버지는 늘 고향에서 맴돌았습니다.

아버지는 공주에서 가족을 이뤘고 경제적으로도 조금 안정이 되었습니다. 아버지는 좀 더 자신을 증명하고 싶은 마음에 고향을 떠나 생면부지인 울산으로 갔습니다. 그 당시 울산 주위엔 여러 공장이 역동적으로 움직이고 있었고 우리는 그곳으로 이사를 했습니다. 그리고 아버지는 누구보다 열심히 본인의 사업을 하셨습니다. 하지만 아버지는 사업에 재능이 있는 사람이 아니었습니다. 점점 사업이 지지부진해질 무렵, 운영하는 덤프트럭이 길에서 전복되는 사고를 겪으며 가세가 급격히 기울었습니다. 우리 가족은 그 무렵 계속 이사를 했습니다. 파란색 봉고차에 아버지는 운전석, 어머니는 조수석, 동생과 저는 남는 자리에 간신히 껴서 이리저리 옮겨다녀야 했습니다. 저는 지금도 이삿짐을 잔뜩 실은 파란색 봉고차를 보면 마음 한쪽이 시립니다. 뭔가 아픈 기억이 건드려지는 느낌이 들기 때문일까요. 그러다가 우리는 다시 고향으로 돌아왔습니다.

아버지는 얼마나 고향에 돌아가기 싫었을까요. 어머니와 아버지는 그 무렵 참 많이 싸우셨습니다. 저는 임상에서 부부들을 볼 때, 부부가 싸우는 원인 중 가장 큰 것이 '경제적 이유'인 것을 봅니다. 당시엔 부모님의 갈등이 너무 힘들었지만 크면서 두 분의 상처를 조금씩 이해할 수 있었습니다. 치열한 삶 속에서 힘들었을 두 분의 좌절도 느껴집니다.

그때 저는 위축되어 있었습니다. 울산에서 정든 친구와 익숙했던 환경을 떠나 갑자기 시골로 이사 온 것이 힘들었습니다. 집은 늘 적막하고 우울했습니다. 부모님의 싸움 때문에 불안했습니다. 학교에서도 친구들과 어울리지 못했고 조용하게 지냈습니다.

초등학교 3학년 시기, 저는 잘하는 것이 별로 없었습니다. 성적표는 '수우미양가'라는 등급으로 되어 있었는데, 그 흔하디 흔한 '우'도 별로 없었습니다. 초등학교 2학년 때의 선생님은 어머니를 불러서 제가 학업 부진아라고 이야기해주셨을 정도니까요. 무엇을 가르쳐줘도 그것이 어떤 의미인지 잘 이해할 수 없었습니다. 지금에 와서 그때의 저를 상상해보면 깜깜한 암흑 아래 희미한 깜빡임만이 존재했던 것 같습니다.

그때는 토요일에도 오전 수업이 있었는데, 수업을 마친 뒤 친구들이 모두 하교하고 오후 늦게까지 혼자 남아 청소를 하고 있었습니다. 교실을 쓸고 닦고 복도도 쓸고 닦았습니다. 심지어 복도엔 왁스까지 칠했습니다. 우리 반이 맡은 곳은 신발장이었는데, 저는 그곳을 청소하기 시작했습니다. 보통은 발판 위에 있는 흙들만 빗자루로 쓸었는데, 발판 밑에 있는 흙더미들을 모두 치우고 싶었습니다. 저는 아무도 없는 학교에서 열심히 비질을 했습니다.

어느덧 시간은 오후 5시를 넘어가고 있었습니다. 원래는 그 무렵 학교에는 아무도 없는 것이 정상인데, 누군가가 저에게 다가왔습니다. 고개를 들어보니 우리 반 담임 선생님이셨습니다. 시골에서 담임 선생님의 위상은 대단했습니다. 저는 담임 선생님을 진심으로 존경하고 있었는데, 사각형으로 된 안경을 쓰셨고 책을 좋아하는 분이었습니다. 선생님이 책을 읽는 모습을 교무실이나 쉬는 시간에 종종 관찰했는데, 너무나 품위 있고 멋있다는 생각이 들었습니다. 저는 지금도 품격이라는 단어를 마주할 땐 그 선생님이 떠오릅니다. 앉아 있던 의자, 눈매, 안경의 테, 머리 스타일, 책을 잡는 모습… 그 모든 것들을 포함해서요.

선생님이 저에게 무엇을 하느냐고 물으셨습니다. 저는 그저 선생님을 보고 말했습니다. "네, 선생님, 청소하고 있었어요." 선생님은 발판을 다 드러낸 상황을 물끄러미 보시더니 이렇게 말씀하셨습니다. "헌주야, 너는 나중에 좋은 학자가 될 거야. 그래서 선생님이 연말에 선물 하나를 주려고 하거든, 학기를 마치면 꼭 선생님을 찾아오렴."

그때의 기분을 잊을 수 없습니다. 담임 선생님이 제 성적을 모르지 않을 텐데, 그런데도 그런 말씀을 해주시니 어안이 벙벙할 뿐이었죠. 게다가 선물이라니. 갑자기 가슴이 두근거리기 시작했습니다.

그리고 시간이 흘러 겨울이 찾아왔고, 마지막 학기라 대청소를 했습니다. 저는 여전히 교실에 계시는 선생님의 주위를 맴돌았습니다.

'시간이 흘렀으니 선생님이 잊으신 것은 아닐까…, 아냐, 분명히 주신다고 했어. 과연 뭘까?'

청소가 마무리되고 애들이 나갔는데도 저는 여전히 그 자리에서 무엇인가를 하는 척하면서 있었습니다. 곧 선생님은 저를 발견하셨습니다.

"예전에 내가 줄 것이 있다고 했었지. 잠시 이리 좀 올래?"

그리고 선생님은 포장지에 싼 상자 같은 것을 저에게 주셨습니다. 저는 선생님께 감사하다고 하고 받은 뒤 집으로 발걸음을 옮겼습니다. 꽤 무거운 선물이었습니다. 눈이 많이 와서 선물이 젖을까 봐 매일 입고 있는 검은색 패딩 잠바 안에 넣었습니다. 그리고 저는 행여 놓칠까 선물을 품에 꼭 안고 집에 왔습니다.

추워서 그랬는지, 선물을 받아 흥분되어서 그랬는지 매우 빠른 걸음으로 집에 왔습니다. 가슴이 요동을 쳐 터질 것만 같았습니다. 그리고 방문을 걸어 잠그고 이불 속에 숨어 선물을 조심스럽게 풀어보았습니다.

선물은 사전이었습니다. '표준 새 국어사전'이라고 적혀 있던 사전. 저는 그렇게 전문적이면서도 큰 책은 처음으로 받아보았습니다. 그 책을 펼치자마자 선생님은 저에게 이런 글을 남겨 놓으셨습니다.

"앞으로 펼쳐질 삶의 여정에서 계속 공부하고 성장할
너에게 응원의 말을 보낸다."

선생님은 제가 성실성이 있기에 학자가 될 수 있다고 말씀하셨습니다. 선생님은 제게서 잘 보이지 않았던 작은 빛을 보앉던 것 같습니다. 당시엔 선생님이 말씀하신 것처럼 정말로 학자가 되려고 사전을 펼쳐서 읽기 시작했습니다. 몇 페이지 못 넘기고 포기하고 말았지만 선생님이 손수 쓰신 글씨는 수천 번을 읽었습니다. 저는 이후에도 선생님이 남겨주신 글을 되새겼습니다. 성실하니까 좋은 학자가 될 수 있다는 말씀을 삶의 순간에서 몇 번이고 가슴 깊이 박아 놓았습니다.

저는 책 읽는 것을 좋아했습니다. 재능은 부족하지만, 무엇인가를 하면 끝을 내려고 했습니다. 이유를 찾아보아도 왜 선생님이 저에게 그 말씀을 하셨는지는 정확히 알 수 없습니다. 어쩌면 제가 책을 좋아했던 것을 알고 계셨던 걸까요? 하지만 1년 동안 지켜보신 선생님이 해주신 그 강렬한 말은 저에게 너무나 깊이 남았습니다. 존경하는 사람 안에 있는 빛이 저에게 도달되는 순간이었습니다. 그리고 그 이후 제 마음 깊은 곳에는 "나는 잘될 사람, 학자가 될 사람"이란 메시지가 새겨졌습니다.

저는 제 인생에서 그 선생님을 만난 것이 가장 위대한 만남이었다고 생각합니다. 그저 평범하고 눈에 띄지 않는 아이였지만 선생님께서 제가 가진 작은 가능성을 눈여겨보고 격려해주시면서 저는 저를 다시 보게 되었습니다. 누군가에게 잘 드러나지 않은 가능성을 발견하고 말할 수 있는 사람을 만나는 일, 그리고 그 사람을 알아보는 일이 흔하지는 않습니다. 척추를 뒤흔드는 굉장히 짜릿한 경험을 선물한 인연 말이죠. 만약 그러한 경험이 있다면 이는 매우 귀한 경험입니다. 그러한 강렬한 경험은 그 사람의 삶에 중요한 가치가 되고 의미가 되며 삶의 방향성을 바꾸기도 합니다. 저의 가능성을 알아봐준 말은 제 내면에 심어졌습니다. 스스로가 가지고 있는 숨겨진 빛과 만나게 된 것입니다.

세상은 변화무쌍합니다. 절망의 시기, 어려운 시기엔 빛을 바라볼 용기가 필요합니다. 캄캄한 밤에는 작은 빛도 더욱 잘 보입니다. 빛 앞에 서 있을 때 우리 내면의 숨겨진 어두운 상처, 열등감, 사악함이 눈 녹듯 사라지기 시작합니다. 그리고 우리는 새로운 것을 꿈꾸게 됩니다. 그것은 우리의 이상이 됩니다. 아직 나에게 펼쳐져 있는 이 길을 담대히 걸어갈 용기를 얻게 됩니다.

때로는 무너지고 꺾이는 삶의 고비에서 우리는 귀한 것을 볼 줄 아는 시선을 가졌으면 합니다. 그러면 누군가의 빛을 발견해줄 수도 있을 것입니다. 물질적으로 풍요롭더라도 많은 사람들이 공허함을 호소합니다. 그럴 때 사람들 간의 접촉이 더욱 특별한 의미를 부여해줍니다. 수십 번의 힘든 고비에도, 아무리 힘든 순간에도 마음속의 빛을 꼭 붙들기를 바랍니다. 소박한 바람과 작은 주문이라도 그 빛은 반드시 힘을 발휘합니다.

  그 힘은 사람에게서 옵니다. 우리 안의 빛을 밝히고 내 곁의 누군가에게도 그 빛을 공명해주는 것이 이 시대의 가장 강력한 에너지가 될 것입니다.

에필로그

절실히 꿈꿔왔던 가치에 대해

 어느 날 저는 선명한 바다의 꿈을 꿨습니다. 한 번이 아니라, 몇 년에 걸쳐 꿈에 나타난 바다였습니다. 저는 바다를 참 좋아해서 여행지를 정할 때 바다 근처를 주로 택합니다. 저는 왜 바다를 그렇게 갈망하고 있을까요, 왜 바다의 꿈을 꾸게 된 것일까요?

 어렸을 적, 경제적으로 어려워진 시기에 울산 안에서도 여러 번 이사했습니다. 그때마다 아버지는 '학교에 가까워지기 위해' 그러는 거라고 우리 형제를 달래기도 했습니다. 그러나 저는 알고 있었습니다. 점점 우리 집이 어려워지고 있다는 것을 말이죠. 그러다가 울산 안에서도 동쪽 끝머리에 있는 작은 바닷가, 시골 마을로 이사를 했습니다. 그곳은 미닫이로 되어 있는 집이었고, 파도 소리를 들으면서 깰 수 있을 만큼 바다와 가까운 곳이었습니다.

그 당시 저는 몸이 많이 안 좋았습니다. 정확히 원인은 모르지만, 배가 늘 아팠습니다. 어머니는 생활고에 지쳐 힘이 들었는데도 짜증을 내지 않으셨습니다. 오히려 저를 품 안에 두고 배를 어루만지면서 자장가를 불러주셨습니다. 그때 저는 그 안에서 어머니로부터 잔잔한 슬픔과 따뜻함이라는 설명하기 힘든 감정을 느꼈습니다. 그리고 곧 그 동네를 떠나게 되었습니다.

문득 제가 꾼 꿈이 울산에 있는 오래전 살았던 그 동네의 앞바다가 아닐까 하는 생각이 들었습니다. 어머니께 물어보니 미닫이문이 있는 그 집에 우리가 살았던 적이 있다고 말씀하셨습니다. 그리고 주민등록초본을 떼서 제가 살았던 지역의 주소를 찾았습니다. 그런데 그 당시의 주소가 완전히 개편되어 이제는 검색이 되지 않았습니다. 그래도 꼭 찾고 싶었습니다. 저는 바쁜 일정을 뒤로하고 울산 여행을 계획했고, 아내와 아이, 우리 가족은 울산으로 무작정 여행을 떠났습니다. 예전엔 정자읍이라는 곳이었지만 정자동으로 바뀌어 있었는데요. 목적지에 다다르는 순간 길게 이어진 내리막길이 있었습니다. 그곳을 차를 타고 내려가자 바다가 보이기 시작했습니다. 내리막길에서 본 바다는 마을을 삼킬 것같이 빌딩처럼 솟아 있었습니다. 그야말로 압도적인 광경이었습니다. 그리고 저는 어린 시절에 그것을 보며 감탄했던 때가 기억났습니다.

이제 그곳은 더 이상 작은 마을이 아니었습니다. 바다 전망이 환상적인 곳으로 정평이 나면서 카페 거리로 완전히 바뀌어 있었던 거죠. '이대로 찾을 수 없는 건가' 아쉬움이 밀려오던 순간 내비게이션은 카페 거리를 넘어 더 동쪽으로 갈 것을 안내하고 있었습니다. 그리고 더 동쪽으로 들어갈수록 카페 거리가 아닌 예전 동네가 보였습니다. 그리고 차에서 내려 거리를 걷기 시작했습니다. 한겨울이라 춥고 사람도 거의 없었습니다. 그러나 저는 가슴에 뜨거운 무언가를 느끼기 시작했습니다.

그 순간, 미닫이문 집. 그 집이 제 눈앞에 있었습니다. 35년 가까이 흘렀는데 그대로였습니다. 그동안 생각나지 않았던 기억들이 주마등처럼 떠올랐습니다.

'맞아, 저 문. 저기가 예전에 장이 섰던 자리고, 저기는 친구와 로봇을 가지고 놀았던 곳이야.'

고개를 돌려보자 좁은 골목길이 눈에 들어오기 시작했습니다. 익숙한 기억이 떠올랐습니다. 어린 시절 저 좁은 길을 뛰어다니다가 여러 번 넘어졌었는데…. 그 좁은 골목길을 따라 갔습니다. 그리고 그 골목길을 벗어나자마자 숨이 멎을 듯한 광경을 마주했습니다.

어린 시절에 수없이 봤던 그 장대한 바다가 거친 파도를 치면서 저를 기다리고 있었던 것입니다. 그렇게 오랫동안 품었던 이미지와 상상이 현실이 되어 제 눈앞에 펼쳐지고 있었습니다. 경험은 기억이 되고 기억은 다시 시간이 지나 다시 현실로 나타납니다. 그 모든 것들은 제 안에 있었습니다. 그 순간을 잊을 수 없습니다.

'나는 왜 그토록 이곳이 그리웠던가'
'나를 지금까지 움직이게 한 것은 무엇인가'

저는 그 바다 앞에서 한없이 뜨거워지는 경험을 했습니다. 수십 년간 눌러왔던 감정이 솟아나 과거의 어린 저를 위로하고, 지금까지 제가 지나왔던 삶을 되돌아보았습니다. 세월을 온몸으로 맞으며 시대의 변화를 헤쳐온 부모님이 생각났습니다. 저를 어루만져주었던 어머니의 손길도 느껴졌습니다.

점점 우리 사회가 로봇과 같아지고 있습니다. 온기가 사라지고 늘 바쁘고 조급해집니다. 우리가 이전 사회가 좀 더 정감이 있다고 생각하는 것이 단순한 추억보정은 아닐 것입니다. 우리의 삶은 불확실성으로 내던져져 있습니다. 한 치 앞도 예상하기가 어려운 것이 작금의 현실입니다. 그러나 우리 사회에서 진정한 가치를 갖는 것은 로봇과 같은 정확성이 아니라 '나다움'일 것입니다. AI 역시도 점점 사람과 같아지려고 할 것입니다. 그것이 인간이 가장 중요하게 생각하는 가치이기 때문입니다. 우리 사회는 점점 더 인간다움을 그리워하게 될 것입니다.

그러므로 인간다움이 내면 경쟁력의 핵심입니다. 고유성의 결정체는 바로 누구도 대체할 수 없는 나의 경험입니다. 우리에게는 세 가지 길이 있습니다. 지금까지 걸어왔던 과거의 길, 지금 서 있는 현재의 길, 앞으로 가야 할 미래의 길이죠. 우리는 첫 번째 길에서 과거를 되돌아볼 수 있습니다. 그리고 두 번째 길에서 지금 우리가 마주하는 현재라는 길을 명확히 주시해볼 필요도 있겠죠. 그리고 세 번째 길인 미래의 길을 넌지시 바라볼 수도 있습니다. 그러나 가장 중요한 것은 이 길 위에 서 있는 나라는 존재입니다. 삶이라는 길을 걷고 있는 나 자신 말입니다.

인간다움의 정수는 모두 내면에서 빛납니다. 작은 것을 원하고 그것을 열망하고 꿈꿔보는 것, 그리고 그 고통이라는 현실에서 그것을 조금씩 실현해나가는 것, 작은 성장을 통해 우리 스스로를 끊임없이 도약시키는 과정이 그것입니다. 그러나 가장 중요한 것은 이 길을 혼자 걷고 있지 않다는 인식입니다. 늘 동행하는 사람이 있습니다. 우리의 인생의 궁극적 의미이기도 합니다. 그들과의 시간은 우리 삶의 가장 값진 경험입니다. 책에서 반복적으로 물어왔던 질문을 다시 던지며 글을 맺으려 합니다.

어떤 기억을 담고 있나요?
무엇을 꿈꾸고 있나요?
어떤 세계를 꿈꾸나요?
나는 어떤 존재인가요. 어떤 고유의 이야기를 품고 있나요?
거친 물살을 거스르면서까지 앞으로 나가는 이유가 무엇인가요?
내 옆에 정서적으로 의미 있는 존재는 누구인가요?
어떤 존재이길래, 그 가치를 포기하지 않고 있나요?

참고 인명 찾기

제임스 힐먼 James Hillman, 1926~2011 · 50쪽

존 플라벨 J. H. Flavell, 1928~2025 · 51쪽

캐서린 쿡 브릭스 Katharine C. Briggs, 1875~1968 · 56쪽

이자벨 브릭스 마이어스 Isabel B. Myers 1897~1980 · 56쪽

카를 융 Carl Jung, 1875~1961 · 56쪽

도널드 위니컷 Donald Winnicott, 1896~1971 · 70쪽

대니얼 골먼 Daniel Goleman 1946~현재 · 77쪽

윌리엄 글래서 William Glasser, 1925 2013 · 91쪽

에이브러햄 매슬로우 Abraham Harold Maslow, 1908~1970 · 97쪽

스티브 드세이저 Steve de Shazer, 1940~2005 · 121쪽

헨리 머레이 Henry Murray, 1893~1988 · 134쪽

J.R.R. 톨킨 John Ronald Reuel Tolkien 1892~1973 · 138쪽

대니얼 카너먼 Daniel Kahneman,1934~2024 • 139쪽

빅터 프랭클 Viktor Frankl, 1905~1997 • 148쪽

스티브 잡스 Steven Paul Jobs, 1955~2011 • 149쪽

프리드리히 니체 Friedrich Neitzsche, 1844~1900 • 151쪽

마틴 셀리그먼 Martin Seligman, 1942~현재 • 165쪽

하인즈 코헛 Heinz Kohut, 1913~1981 • 194쪽

임마누엘 칸트 Immanuel Kant, 1724~1804 • 208쪽

워런 버핏 Warren Buffett, 1930~현재 • 209쪽

벤저민 그레이엄 Benjamin Graham, 1894~1976 • 209쪽

AI를 압도하는 내면 경쟁력

© 이헌주, 2025

초판 1쇄 펴낸날 2025년 6월 2일

지은이 이헌주
펴낸이 배경란 오세은
펴낸곳 라이프앤페이지
주소 서울시 종로구 새문안로3길 36, 1004호
전화 02-303-2097
팩스 02-303-2098
이메일 sun@lifenpage.com
인스타그램 @lifenpage
홈페이지 www.lifenpage.com
출판등록 제2019-000322호(2019년 12월 11일)
디자인 디자인규, 이민재

ISBN 979-11-91462-35-7 (03190)

* 저작권법에 의해 보호를 받는 저작물이므로 무단전재와 복제를 금합니다.
* 이 책 내용의 일부 또는 전부를 이용하려면 반드시 저작권자와 라이프앤페이지의 서면 동의를 받아야 합니다.